Manejo de la ira :

10 Poderosos Pasos para Tomar el Control Completo de sus Emociones, Para Hombres y Mujeres, Guía de Autoayuda para el Autocontrol, Psicología Detrás de la Ira. Incluso Para Padres.

Índice de contenidos

Introducción..6
Capítulo 1: La ira......................................8
Capítulo 2: Causas de la ira....................29
Capítulo 3: Signos y síntomas de los problemas relacionados con la ira.......46
Capítulo 4: Los costes de la ira..............60
Capítulo 5: La ira y la salud mental........73
Capítulo 6: La elección de gestionar la ira..87
Capítulo 7: Pasos para gestionar la ira de forma eficaz..107
Capítulo 8: Gestión de la ira y comunicación...129
Capítulo 9: Selección de un programa de control de la ira....................................137
Capítulo 10: El uso de las técnicas de control de la ira: Cómo combinarlas...167
Capítulo 11: Recaídas y tratamiento de la ira..176
Capítulo 12: Medicación contra la ira y efectos secundarios............................187
Capítulo 13: Resumen de las técnicas de control de la ira....................................191
Conclusión:..201

© Copyright 2021 por CHASECHECK LTD - Todos los derechos reservados.

Este libro se ofrece con el único propósito de proporcionar información relevante sobre un tema específico para el que se han hecho todos los esfuerzos razonables para garantizar que sea preciso y razonable. No obstante, al comprar este libro, usted acepta que el autor y el editor no son en absoluto expertos en los temas que contiene, independientemente de las afirmaciones que puedan hacerse al respecto. Por lo tanto, cualquier sugerencia o recomendación que se haga en este libro se hace con fines de entretenimiento. Se recomienda consultar siempre a un profesional antes de poner en práctica cualquiera de los consejos o técnicas que se exponen.

Se trata de una declaración jurídicamente vinculante que es considerada válida y justa tanto por el Comité de la Asociación de Editores como por el Colegio de Abogados de Estados Unidos y que debe considerarse jurídicamente vinculante dentro de este país.

La reproducción, transmisión y duplicación de cualquiera de los contenidos aquí encontrados, incluyendo cualquier información específica o ampliada, se realizará como un acto ilegal independientemente de la forma final que adopte la información. Esto incluye las versiones copiadas de la obra, tanto físicas como digitales y de audio, a menos que se cuente con el consentimiento expreso de la Editorial. Quedan reservados todos los derechos adicionales.

Además, la información que se encuentra en las páginas que se describen a continuación se considerará exacta y veraz a la hora de relatar los hechos. Por lo tanto, cualquier uso, correcto o incorrecto, de la información proporcionada dejará al editor libre de responsabilidad en cuanto a las acciones realizadas fuera de su ámbito directo. En cualquier caso, no hay ninguna situación en la que el autor original o la editorial puedan ser considerados responsables de ninguna manera por cualquier daño o dificultad que pueda resultar de cualquier información discutida aquí.

Además, la información contenida en las páginas siguientes tiene únicamente fines informativos, por lo que debe considerarse universal. Como corresponde a su naturaleza, se presenta sin garantía de su validez prolongada ni de su calidad provisional. Las marcas comerciales que se mencionan se hacen sin el consentimiento por escrito y no pueden considerarse en ningún caso un respaldo del titular de la marca.

Introducción

Enhorabuena por haber descargado *Gestión de la ira*, y gracias por hacerlo. La ira forma parte de las emociones humanas diseñadas para advertirnos de ciertas situaciones. Esta emoción puede ser el resultado de la frustración, el estrés, la pérdida, la falta de respeto, las malas relaciones, la pobreza, etc. La ira puede asustar a cualquiera, especialmente si se vuelve abrumadora y no se gestiona, ya que puede hacer que una persona actúe de forma irracional. En la mayoría de los casos, nos han enseñado que la ira es una emoción peligrosa y que debe evitarse. Sin embargo, es muy difícil evitar la ira en esta vida porque hemos experimentado ciertas cosas que nos hacen estar ofensivos o a la defensiva y alerta.

La ira es un hecho natural, pero la forma en que reaccionamos ante ella es una elección. Nuestras reacciones son voluntarias o involuntarias. La ira incontrolada puede ser peligrosa: impide la capacidad de toma de decisiones de un individuo, daña las relaciones, destruye las carreras y tiene otras consecuencias adversas. Por ello, es esencial que uno entienda la ira y las formas en que puede gestionarla. La gestión de la ira es la capacidad de prevenir o controlar la ira con éxito para que no provoque problemas.

Para ello, este libro tratará sobre la ira, sus efectos y las prácticas que una persona puede aplicar para controlar la ira. La información que se encuentra en este libro puede ser practicada tan pronto como una persona lo desee. El primer capítulo cubrirá la introducción a la ira, la expresión de la ira, la comprensión de la ira y la ira inteligente, entre otros. Los capítulos 2 y 3 cubrirán las causas, los signos y los síntomas de la ira y la ira no controlada. Los capítulos 4, 5 y 6 tratarán sobre el coste de la ira, la ira y la salud mental, y la opción de controlar la ira. Los capítulos 7, 8 y 9 hablarán de los pasos para controlar la ira de forma eficaz, el control de la ira y la comunicación, y las formas de seleccionar un buen programa de control de la ira. Los capítulos 10, 11 y 12 tratarán sobre el uso de las técnicas de control de la ira, las recaídas y la medicación. Por último, el capítulo 13 resumirá las técnicas de manejo de la ira.

Capítulo 1: La ira

En un momento u otro, todo el mundo se siente enfadado. En algunas ocasiones, la gente lo percibe como una molestia temporal, mientras que otras veces lo experimenta como una rabia en toda regla. La ira es una parte normal de la vida humana, y *es* saludable. Esta emoción nos ayuda a discernir los momentos en los que nos sentimos ofendidos cuando las cosas no funcionan como habíamos planeado o esperado. Nos da una forma de expresar los sentimientos negativos y nos motiva a encontrar soluciones para los desafíos.

Aunque la ira es buena y saludable, puede ser destructiva cuando se descontrola. Pueden surgir problemas en el trabajo, en las relaciones y en la calidad de vida. La ira incontrolada puede hacer que uno se sienta a merced de una emoción poderosa e impredecible. En consecuencia, muchas personas buscan formas de controlar la ira.
La intensidad del estado emocional de la ira varía desde un estado leve hasta la rabia y la furia completas. Los cambios físicos y

psicológicos la acompañan. Por ejemplo, cuando uno está enfadado, el ritmo de los latidos del corazón cambia; la presión arterial sube; los niveles de energías cambian, dependiendo de la situación; y las hormonas, la adrenalina y la noradrenalina se alteran.

La ira puede surgir de acontecimientos internos o externos. Por ejemplo, uno puede enfadarse por un atasco, por no hacer una cosa determinada, por la cancelación de un vuelo, por un acoso, por una pérdida, por una humillación, etc. Internamente, el enfado puede surgir porque uno siente que se está preocupando o dando demasiadas vueltas a sus problemas personales, se siente frustrado por un fracaso, etc. Los sentimientos de ira también surgen debido a cosas que le ocurrieron a una persona en el pasado, por ejemplo, acontecimientos traumáticos durante los años de la infancia. El enfado suele caracterizarse por el conflicto con una persona o una cosa debido a un agravio concreto cometido contra la persona.

Patrones de pensamiento negativos

Normalmente, la ira tiene menos que ver con el acontecimiento inmediato y más con nuestra reacción ante el mismo. Los patrones de pensamiento negativos específicos suelen preceder a un estallido de ira. Estos patrones incluyen:

Sobre generalización - Este patrón se produce cuando uno se queda atascado en el pensamiento en blanco y negro. Sólo piense en lo que es visible inmediatamente. Las personas atrapadas en este patrón tienden a utilizar palabras como "nunca" y "siempre". La sobre generalización hace que una situación parezca peor de lo que es.

Culpabilización - La culpabilización implica que una persona afirme que las emociones o los acontecimientos negativos son culpa de otra persona. En la mayoría de los casos, una persona acusa al otro cuando intenta evitar la vergüenza o la responsabilidad.

Lectura de la mente - Esto implica que una persona se convenza de que el otro le está haciendo daño intencionadamente. La persona puede imaginar hostilidad cuando no la hay. Las personas enfadadas verán el peligro donde no lo imaginarían en circunstancias normales.

Rigidez - Se produce cuando uno no es capaz de conciliar los acontecimientos que suceden con lo que imaginaba. Por ejemplo, uno puede haber asumido que llegará a la oficina a las 8 de la mañana, pero un atasco se lo impide. En lugar de aceptar que llega tarde, una persona enfadada se enfadará y probablemente permanecerá de mal humor durante mucho tiempo.

Coleccionar pajas - Se trata de un escenario en el que una persona enfadada cuenta mentalmente las cosas en un intento de justificar la ira. En consecuencia, la persona dejará que una serie de pequeños incidentes se acumulen en su cabeza hasta que se rompa la última paja.
Desafiar estos pensamientos puede ayudar a la persona a reducir la ira.

Expresión de la ira

Las personas utilizan diferentes formas de expresar la ira. La forma más intuitiva y natural de expresar la ira es la agresión. La mayoría de las personas reaccionan de forma agresiva ante personas o cosas que les enfadan. Esto se debe a que la ira está diseñada para ayudar a los seres humanos a responder a las amenazas y a ciertas situaciones no deseadas. Como tal, la emoción inspira poder/fuerza, lo que generalmente se traduce en agresión, más aún si el individuo no sabe cómo controlarla. Estos sentimientos y comportamientos nos permiten defendernos, luchar y encontrar soluciones a nuestros retos. Por lo tanto, podemos decir que un cierto nivel de ira es necesario para la supervivencia humana.

Sin embargo, no podemos responder a todas las personas y cosas de forma agresiva o física sólo porque estemos enfadados. Hay normas sociales, leyes y lógica que limitan la forma en que nos comportamos en determinadas circunstancias. La situación y las circunstancias (personas implicadas, tiempo, lugar, razón, etc.) determinan la forma en que reaccionamos. Por ejemplo, en un entorno de oficina, sería difícil que uno se fuera contra el jefe aunque esté pisando los pies de todas las demás personas. También sería difícil hablar con los abuelos como queramos sólo porque estamos enfadados.

Las personas utilizan procesos tanto inconscientes como conscientes para lidiar con su ira. Hay tres enfoques principales: suprimir, expresar y calmar. Los estudios demuestran que la mejor manera (la más saludable) de afrontar la ira es mostrar la emoción de forma asertiva y no agresiva. Para expresar adecuadamente la ira de forma asertiva, uno tiene que aprender cuáles son sus necesidades y exponerlas claramente sin herir a los demás. La asertividad no significa ser prepotente o exigir demasiado;

preferiblemente, significa hacer las cosas de forma respetuosa con los demás.

También se puede reprimir la ira y luego convertirla o redirigirla hacia algo positivo. La supresión de la ira se produce cuando uno retiene la ira, evita pensar en ella y se centra en algo agradable. El objetivo de la supresión es inhibir la ira y convertirla en algo constructivo. Sin embargo, la supresión de la ira supone un reto si no se gestiona bien. Si no hay una expresión hacia el exterior, uno puede volver la ira hacia dentro y culparse a sí mismo. La ira reprimida se ha identificado como una causa subyacente de la depresión y la ansiedad. La ira no expresada puede perturbar las relaciones, afectar a los patrones de comportamiento y al pensamiento, y también crear una serie de problemas físicos. La ira que se vuelca hacia el interior puede provocar presión arterial alta, hipertensión y depresión.

La rabia no expresada también conduce a otros problemas. Una posible consecuencia de la rabia es la expresión patológica de la emoción, por ejemplo mediante un comportamiento pasivo-agresivo o una personalidad habitualmente hostil o cínica. El comportamiento pasivo-agresivo se refiere a los patrones de vengarse continuamente de la gente de forma indirecta sin decirles la razón. Las personas con un comportamiento pasivo-agresivo evitan la confrontación. Las personas a las que les gusta criticar todo, menospreciar a los demás o hacer comentarios cínicos de vez en cuando no han aprendido a manejar la ira de forma constructiva. Por ello, estas personas tienen menos probabilidades de tener relaciones exitosas.

Calmarse es la forma más exitosa de lidiar con la ira. Calmar el interior significa que uno no controla sólo el comportamiento exterior, sino también las respuestas internas. Las técnicas de tranquilización permiten reducir la frecuencia de los latidos del corazón y otros cambios físicos y dejar que los sentimientos disminuyan. Cuando uno es incapaz de utilizar cualquiera de las tres técnicas (expresar, reprimir o calmar) de forma constructiva, la ira se vuelve perjudicial.

Otros métodos de expresión de la ira

La forma en que expresamos la ira determina nuestra salud y el bienestar de las personas que nos rodean. Por lo tanto, es vital entender las diferentes formas en que se muestra la ira y cómo podemos elegir mejores habilidades de expresión. Aparte de los métodos principales de expresión, supresión y apaciguamiento, hay otras formas que la gente utiliza para mostrar su descontento. Entre ellas se encuentran:

Agresión abierta - La agresión abierta implica una situación en la que se expresa la ira a través de acciones y palabras, más bien a través de la culpa, la intimidación, la explosividad y la rabia. El reto de estas técnicas es que hay muchas posibilidades de causar daño a la otra persona. De hecho, el objetivo principal de las personas que utilizan esta opción es causar daño a la otra persona (intimidar a los demás). Al final, todos los implicados experimentan luchas de poder recurrentes.

Agresión pasiva - En esta opción, la persona no recurre a la hostilidad abierta, sino que prefiere utilizar el sabotaje sutil para frustrar a los demás o vengarse. Suele consistir en no hacer un favor a alguien por la voluntad de irritarlo. La similitud entre el agresor abierto y el agresor pasivo es que las dos personas compiten por la superioridad. Ambas situaciones perpetúan la tensión no deseada y suelen generar relaciones poco saludables. Como tal, la elección de la agresión pasiva dará lugar a otro conflicto indeseable.

Enfado asertivo - La expresión del enfado suele implicar palabras y acciones que muestran respeto y dignidad por todos los que están en la situación. Las personas que utilizan este estilo entienden que el tono de voz utilizado en cualquier situación creará una atmósfera positiva o negativa. Esencialmente, no siempre es fácil expresar la ira de forma asertiva, pero con autodisciplina y mucho respeto, es manejable. Recuerde que la ira asertiva no es abrasiva, sino que es fuerte y respetuosa. Expresar la ira con confianza es una opción muy constructiva y reduce la tensión en toda relación.

Abandonar la ira - Esta opción es casi similar al estilo de calmarse. La persona enfadada acepta que los otros métodos de expresión de la ira no van a funcionar, por lo que opta por dejar pasar el asunto. Normalmente, las personas que optan por el enfado asertivo son las que deciden dejarlo. Las personas agresivas quieren llevar la pelea hasta el final, pero las personas asertivas buscan la forma de resolver los conflictos con menos altercados. Abandonar la ira no es fácil, e incluye acomodar las diferencias y elegir perdonar incluso sin recibir una disculpa.

En conclusión, muchas ocasiones en la vida conducen a la ira cada día. Por ello, es difícil gestionar la ira utilizando sólo una opción. Sin embargo, con la práctica, podemos elegir y ceñirnos a una opción de expresión de la ira que mejore el bienestar de todos los que nos rodean.

Entender la ira

La ira también se conoce como furia, cólera o rabia. Es una emoción que no debe subestimarse. Se da con frecuencia en algunas personas y raramente en otras, pero en la mayoría de los casos, sus consecuencias son muy poco útiles. La ira es una experiencia natural para muchas personas y, a veces, todo el mundo tiene razones válidas para ponerse furioso o enfadado. Si alguien dice algo que le parece injusto al otro, entonces puede haber una razón de peso para enfadarse.

La principal causa de la ira es el entorno en el que se pasa el tiempo. Los problemas económicos, el estrés, la mala situación social y familiar, los malos tratos y otras exigencias abrumadoras de tiempo y energía pueden contribuir a la aparición de la ira.

Los trastornos de la ira pueden ser frecuentes en personas que provienen de familias con los mismos problemas, de forma similar a como las personas son más propensas al alcoholismo si crecieron en familias con este trastorno. La capacidad del cuerpo para manejar ciertas hormonas y sustancias químicas, así como la genética, también influyen en la forma en que se maneja la ira. Si el cerebro de un individuo no reacciona de forma saludable a la serotonina, puede resultarle más difícil gestionar las emociones.

La ira adopta diferentes formas en las distintas personas, por ejemplo, algunas permanecerán enfadadas durante un largo periodo de tiempo debido a un acontecimiento que tuvo lugar hace mucho tiempo, pero no harán nada grave por la emoción. Otros permanecerán durante un periodo muy largo sin enfadarse, pero una vez que lo hagan, saldrá en forma de ataques explosivos de ira.

Independientemente de la forma que adopte la ira, cualquier emoción incontrolada afectará al bienestar emocional y a la salud física del individuo. Según las investigaciones, la ira y la hostilidad incontroladas aumentan las posibilidades de desarrollar enfermedades coronarias y empeoran la situación de las personas que padecen enfermedades del corazón. La ira también provoca problemas relacionados con el estrés, como insomnio, dolores de cabeza y problemas digestivos. La ira también puede dar lugar a comportamientos arriesgados y violentos, como peleas y abuso de drogas y sustancias. Además, la ira puede causar un daño significativo a las relaciones en las familias, entre amigos y con los colegas.

Fisiología de la ira

Como cualquier otra emoción, la ira tiene efectos en nuestra mente y nuestro cuerpo. Los científicos han descubierto una serie de acontecimientos biológicos que tienen lugar cuando nos enfadamos. Según las investigaciones, las emociones tienden a comenzar dentro de nuestro cerebro en dos estructuras con forma de almendra llamadas amígdala. La amígdala se encarga de detectar las cosas y situaciones que amenazan nuestro bienestar, por lo que activa una alarma para que nos defendamos. Una vez que se activa la alarma, tomamos las medidas necesarias para proteger nuestros intereses. Esta sección del cerebro es tan útil que nos hace actuar antes de que podamos pensar con claridad.

La parte del córtex del cerebro es responsable del juicio y del pensamiento, por lo que se encarga de comprobar lo razonable de una reacción antes de llevarla a cabo. Cuando nos enfadamos, el córtex no actúa con la suficiente rapidez. En términos sencillos, el cerebro está conectado para influir en nuestros actos antes de que podamos siquiera considerar la consecuencia de nuestros actos. Sin embargo, esto no debería ser una razón para comportarnos de forma incorrecta: podemos aprender a controlar los impulsos agresivos con tiempo y paciencia. La gestión adecuada de la ira es una habilidad que uno debe elegir para aprender; no es algo con lo que se nace instintivamente.

Cuando uno se enfada, los músculos del cuerpo se tensan. En el cerebro, se libera un neurotransmisor químico denominado catecolamina que provoca una experiencia de explosión de energía que puede durar varios minutos. Ese estallido de energía es la principal razón por la que la ira va acompañada de un deseo inmediato de emprender acciones de protección. Simultáneamente, el ritmo de los latidos del corazón se acelera, la presión sanguínea se eleva y la frecuencia respiratoria aumenta. Algunas personas experimentan rubor en la cara, ya que el aumento del flujo sanguíneo accede a las extremidades y a los miembros mientras el cuerpo se prepara para la acción física.

En el momento de la ira, la atención de una persona se vuelve estrecha y se fija en el objetivo. Pronto, uno es incapaz de prestar atención a cualquier otra cosa. Rápidamente, se liberan hormonas adicionales, más aún la adrenalina y la noradrenalina, y neurotransmisores cerebrales, lo que desencadena un estado de excitación total. En ese momento, uno está listo para luchar.

Como el cuerpo tiene un proceso de preparación cuando uno está enfadado, también tiene un proceso de calmado. Una vez que la fuente de nuestra amenaza ya no es accesible, o la amenaza inmediata ha desaparecido, empezamos a relajarnos y a volver a nuestro estado normal de reposo. Es difícil relajarse cuando ya se está en un estado de ira. La excitación resultante de la descarga de adrenalina dura mucho tiempo. Para algunas personas, la excitación puede durar unas horas, mientras que otras la experimentan durante un día o más. Ese prolongado estado de excitación hace que sea fácil volver a enfadarse rápidamente incluso después de que la situación inicial haya desaparecido. Se necesita mucho tiempo para volver a un estado de reposo completamente normal. Durante el lento proceso de enfriamiento, es más probable que uno pierda los nervios en respuesta a una pequeña irritación que no nos molestaría.

Esta excitación persistente también interfiere en nuestra memoria, y por eso olvidamos los acontecimientos que tuvieron lugar durante el arrebato. La persistencia nos mantiene preparados para más ira. No podemos evitar la excitación porque es esencial para el funcionamiento del cerebro. Sin la excitación, lo más probable es que nos quedemos dormidos para siempre. Cualquier estudiante sabe que es casi imposible captar una nueva materia cuando se tiene sueño. La excitación moderada mejora la memoria y ayuda al cerebro a aprender, rendir y concentrarse. La forma de excitación que se produce en los momentos de ira es excesiva y, por tanto, dificulta el desarrollo de nuevos recuerdos. La pérdida de memoria es una de las desventajas de la ira incontrolada.

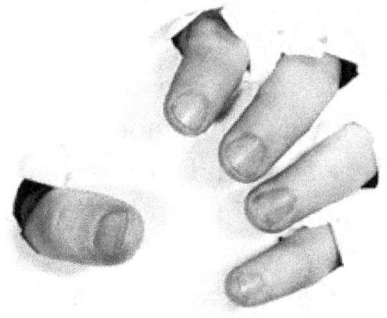

Ira inteligente

Muchas personas buscan formas de lidiar con el enfado porque les resulta desagradable y, en la mayoría de los casos, tiene consecuencias negativas. Lo que hacemos cuando nos enfadamos determina muchas cosas en el futuro. Como la mayoría de los enfados acaban teniendo consecuencias negativas, tendemos a asumir que la ira es mala. A muchas personas se les ha enseñado que la ira es una emoción peligrosa que debe ser ignorada o reprimida por todos los medios. En la mayoría de los casos, se desaconseja a las mujeres que muestren su enfado porque se define como algo impropio de una mujer. Las culturas nos han enseñado que la ira es una muestra de arrogancia. También hemos observado a personas que se enfadan y hemos visto lo que acaban haciendo.

Dado que la ira implica dolor y confusión, puede conducir a acciones que causan problemas. Por ello, optamos por centrarnos en formas de suprimir, evitar o minimizar la ira. Es raro encontrar a alguien que vea la ira como una emoción agradable y satisfactoria. La mayoría de nosotros la vemos como un problema, algo de lo que debemos deshacernos.

Sin embargo, la ira tiene un propósito en nuestras vidas, y es útil. El dolor emocional puede parecer innecesario en nuestras vidas, pero al igual que el dolor físico, cumple una función vital en ellas. Si se quema el dedo, se aleja de lo que le está quemando y le da tiempo para que se cure. Del mismo modo, emociones como la ira nos envían un mensaje.

En concreto, el enfado nos advierte de que algo va mal y que debemos pararnos, encontrar soluciones y superar los obstáculos. Es cierto que nuestras acciones cuando estamos enfadados pueden dar lugar a arrepentimientos. Actuar de forma agresiva no es algo inteligente, tanto si está justificado nuestro enfado como si no. Nos sentimos mal después de un arrebato. Normalmente, cuando estamos en peligro, nuestro cuerpo está diseñado para actuar antes de pensar críticamente; por lo tanto, podemos ser bastante irracionales cuando estamos en peligro. Sin embargo, no tenemos por qué estar fuera de control cuando nos enfadamos. Es posible pensar con claridad, analizar y comprender la situación de provocación. Entonces, podrá utilizar la emoción como motivación para iniciar un cambio positivo.

Hay dos errores que la gente comete cuando se trata de la ira. O bien intentan alegrarse de la situación hiriente o intentan ignorar el sentimiento por completo. Sin embargo, aceptar y abrazar la utilidad de la ira mejora la capacidad de pensar y actuar mientras se está emocionado. Aunque pueda parecer contradictorio, el deseo de sentirse enfadado ante un conflicto le ayudará a comprender y gestionar sus emociones y situaciones. Normalmente, todos queremos sentirnos bien y evitar cualquier sentimiento malo, pero en algunos casos, los sentimientos desagradables son muy beneficiosos. Es importante experimentar emociones que sean congruentes con nuestras circunstancias aunque no sean agradables. Más valiosa es la capacidad de comprender y gestionar las emociones. Una buena capacidad para gestionar las emociones está relacionada con un mayor bienestar físico y emocional.

El problema de la ira es distinguir la forma útil de la inútil. Aferrarse al resentimiento mucho tiempo después de que la situación de enfado haya desaparecido conduce a un enfado malo. Esa ira sólo nos hará vulnerables a más ira.

Entonces, ¿cómo identificar y aplicar la ira útil de forma inteligente? En primer lugar, asuma que está equivocado en la situación; su razón para estar enfadado no es válida. Respire, cuente y respire hasta que se sienta racional. Controlar la ira no significa reprimirla. Además, no realice acciones que puedan amplificar su ira. Por ejemplo, no se concentre demasiado en la persona o cosa que le enfada. Busque una distracción. Después, analice los acontecimientos. ¿Le está sirviendo de algo el enfado? ¿Qué mensaje está tratando de transmitirle? ¿Le está advirtiendo de la injusticia, la falta de respeto o la pérdida? ¿Le está motivando para encontrar una solución a una situación en el trabajo? ¿Revisar su pasado? ¿Ayudar a las personas que le rodean o a un grupo especialmente desfavorecido? Cuando deje de alejar la ira buena, podrá tomar decisiones sobre sus respuestas a la vida.

Capítulo 2: Causas de la ira

La ira a una edad temprana

Desde una edad muy tierna, las personas experimentan esta emoción fundamental llamada ira y aprenden a expresarla en función de las personas que ven a su alrededor. Los niños pequeños expresarán la ira en función de lo que copien de los adultos y de la recompensa que obtengan por ello. En general, el mundo tiene una relación incómoda con la expresión de la ira, por lo que crecemos pensando que está mal expresar la ira directamente. Nos enseñan que la ira es una emoción peligrosa en todo momento y que no debe tolerarse. En consecuencia, la mayoría de nosotros aprendemos a ignorar/suprimir la ira, a desconfiar del sentimiento, a embotellarlo todo y a utilizarlo sólo de forma muy indirecta. El peligro de ignorar la ira es que sólo se acumula en nuestro interior y estalla en un momento u otro.

Es cierto que la ira puede ser muy destructiva cuando se gestiona mal, pero tiene una lista de ventajas. Cuando se utiliza bien, la ira se convierte en algo más que una fuerza destructiva.

La ira es una parte muy importante de los instintos de autodefensa y autoconservación. Si fuéramos totalmente incapaces de enfadarnos, sería difícil defendernos. La gente nos ofendería una y otra vez y no haríamos nada al respecto. Por eso es muy importante que aprendamos las formas de expresar la ira de forma eficaz. Hay estrategias saludables y socialmente respetuosas que se pueden utilizar para expresar los sentimientos de ira. Es importante expresar estos sentimientos de forma controlada para preservar nuestras relaciones, nuestra salud y nuestra empleabilidad.

La ira a través de las generaciones

La ira puede transmitirse de una persona a otra en una familia. Sin embargo, no hay pruebas sustanciales que demuestren que la ira pueda transmitirse a través de los genes. Sólo se aprende o se adquiere. La gente cree que la ira es genética porque puede recordar a alguien en la línea familiar que era bastante enfadado e irritable, tal vez un padre, un abuelo u otro pariente. La ira es un comportamiento adquirido que se mantiene con la práctica. La única excepción es la ira que se produce debido a otros trastornos y enfermedades mentales.

La familia determina cómo se expresan las emociones, como la alegría, la tristeza, el miedo, la ira, etc. Si el enfado no fue gestionado adecuadamente por los abuelos, lo más probable es que los padres se enfaden y los niños también. Hay que tener en cuenta que no hay un padre de trato. Todas las personas tienen defectos, y los padres también. Hay defectos que sus padres heredan de los suyos, y probablemente usted recogerá algunos de ellos, involuntariamente. La ira se transmite en cierta medida de generación en generación. Depende de usted reconocer los comportamientos que preferiría no transmitir a sus hijos. Abandone los hábitos inútiles e hirientes.

¿Cómo puede proteger a sus hijos para que no hereden problemas de control de la ira y otros hábitos erróneos? En primer lugar, tenga en cuenta el hecho de que es un modelo que seguir. Probablemente sea el primer y principal ejemplo del que sus hijos aprenderán algo, por lo tanto, manténgase alerta. Si puede aprender a romper los malos hábitos de manejo de la ira, entonces puede romper la cadena. Lo esencial es cortar las cadenas erróneas. Piense en lo bonito que sería que su familia pudiera llevar una vida mejor; llena de éxito y tranquilidad.

Cuando los miembros de la familia se enfaden, tómese el tiempo necesario para hablar con ellos de sus sentimientos. Tenga en cuenta que la ira no es el sentimiento principal. Busque signos de depresión, miedo, ansiedad, tristeza u otras emociones de fondo. Cuando los niños manejen positivamente su ira, recompénselos. Si no lo hacen, hable con ellos y, si el problema continúa, busque ayuda profesional. Para ayudar a su familia:

- Busque formas adecuadas de comunicarse con su pareja, hijos y otros familiares; la comunicación asertiva puede ayudar.
- Controle siempre su ira, independientemente de las circunstancias.
- Eduque a sus hijos sobre la ira.

- Discutir los mejores métodos para hacer frente a la ira en la familia.
- Participar en la terapia familiar y formular un plan de gestión de la ira con los miembros.
- Para los miembros de la familia que siguen teniendo problemas, recomiende una terapia individual contra la ira.

Adquisición de estilos de ira

Todo el mundo nace con la emoción de la ira, pero nadie nace con una ira agresiva y crónica. Por lo general, todo el mundo responderá a una situación abusiva o frustrante de la manera que vea más viable, pero se basa en los hábitos que aprendió. Por ejemplo, las personas que crecieron en hogares violentos son más propensas a tener algunas formas inadecuadas de manejar las situaciones frustrantes. Las personas que crecieron en hogares en los que la ira se manejaba adecuadamente tendrán más facilidad para lidiar con los demás.

Los estilos de respuesta agresiva y la ira crónica se aprenden normalmente. Hay varias formas de aprender los estilos de expresión de la ira agresiva. Algunas personas adquieren los hábitos desde la infancia observando el comportamiento de las personas mayores que les rodean. Si los padres y las personas que influyen en ellos están enfadados, son hostiles y amenazan constantemente, los niños adoptarán esos hábitos. Aunque los niños no muestren estos hábitos a una edad temprana, lo más probable es que los apliquen a una edad posterior, una vez que estén cerca de personas a las que puedan intimidar. Notarás que a estos niños les cuesta mantener amigos y relaciones porque intimidan y menosprecian a los demás. Uno de los principales retos a los que se enfrentan las personas que recogieron la ira desde una tierna edad es que pueden no darse cuenta de su problema de ira. Para ellos, la ira es algo normal que vieron mientras crecían.

Las víctimas de la ira tienen un deseo de venganza y de dominio, por lo que sin duda desarrollarán problemas de ira. Si un niño ha pasado mucho tiempo en una situación de maltrato, puede jurar no volver a ser vulnerable y hará cualquier cosa para enfrentarse a las personas que supongan una amenaza. Estos niños empezarán a volverse hostiles hacia los demás basándose en la teoría de que "un buen ataque es la mejor defensa". Esto explica parte del acoso escolar. Por otra parte, las personas heridas o maltratadas pueden sobre generalizar y buscar la venganza contra todo un grupo de personas cuando es sólo una parte de ellas la que les ha hecho daño. Un ejemplo de este tipo de ira es cómo algunas personas tienen prejuicios contra todos los inmigrantes de algunos países que eran enemigos de su país.

Otra forma en la que las personas enfadadas aprenden a ser agresivas y hostiles es obteniendo un premio por ser un matón. Si uno consigue respeto o parece infundir miedo a otras personas por sus acciones agresivas, entonces se motiva para continuar con su despliegue de ira. El comportamiento agresivo continuará si la persona obtiene un aumento de posición y estatus social.

La ira y el género

Durante mucho tiempo se ha dado por sentado que los hombres son más iracundos que las mujeres. Se piensa que la ira es una emoción masculina y que Marte está lleno de hombres malhumorados y enfadados. Se supone que las mujeres son más tranquilas y graciosas; Venus está lleno de amor. En consecuencia, el mundo ha aceptado la ira en los hombres más que en las mujeres. La ira no es propia de las mujeres, pero para los hombres representa poder y dominio. Algunas frases que apoyan la ira masculina son: "Los hombres no lloran", "no seas como una chica", etc. En consecuencia, los hombres aprenden a reprimir sus emociones.

Las investigaciones han revelado que tanto los hombres como las mujeres se enfadan y que no hay diferencia de género a la hora de hacerlo. Las mujeres se enfadan con la misma intensidad y frecuencia que los hombres. Incluso buscan ayuda para controlar la ira tantas veces o incluso más que los hombres. Los investigadores que encontraron diferencias en los niveles de ira también afirman que las mujeres se enfadan más que los hombres hasta cierto punto. Sin embargo, estas investigaciones no están calificadas.

La mayoría de las mujeres han declarado que se enfadan, gritan, se sienten molestas y pierden los nervios. Los hombres, en cambio, declaran que prefieren guardar sus emociones. Se ven obligados a reprimirlas y sólo actuarán cuando se les lleve al límite.

Otras investigaciones han revelado que, aunque no hay diferencias en la frecuencia de la ira en función del género, las mujeres tienden a insistir en el tema que las enfadó durante más tiempo, informan de episodios de ira más intensos y hablan de su ira más abiertamente. La razón de que se insista en el enfado durante más tiempo es la intensidad. Las mujeres tienden a sentir las cosas más profundamente que los hombres, por lo que se extenderán más en el tema. De nuevo, las mujeres son más abiertas, por lo que hablarán abiertamente de las cosas que las irritan.

Las diferencias entre hombres y mujeres no se aprecian en el término ira, pero son muy evidentes en la agresión. El sentimiento es casi similar, pero el comportamiento difiere. Los hombres son más propensos a la acción física cuando se enfadan que las mujeres. Esto se mantiene casi constante en el tiempo y en la cultura porque a los hombres se les enseña a ser duros. En cambio, las mujeres tienden a emplear modos eficaces e indirectos de expresión de la ira, como reclutar aliados, cotillear, retirar el afecto y llorar. A menudo interpretamos las reacciones de las mujeres como razonables, pero en realidad, se debe a que son sobrepasadas por los hombres; por lo tanto, jugarán la mano que les toque. Las mujeres son más propensas a expresar su ira hacia sus compañeras que los hombres.

El género también puede influir en el tipo de ira que uno suele poseer. Las mujeres tendrán la forma de ira que muestra resentimiento mientras que los hombres tendrán el tipo de ira que es vengativa. Las mujeres también son más propensas a expresar su ira hacia sí mismas que hacia otras personas.

La ira y la cultura

Como ya hemos dicho, no siempre podemos expresar la ira como queremos. Las circunstancias y las personas implicadas determinan la forma en que resolveremos nuestros problemas. Las normas sociales determinan cómo respondemos a las personas con las que estamos enfadados, independientemente de la emoción. Las culturas tienen diferentes normas sobre la expresión de la ira. En cada comunidad existen normas de exhibición que determinan las formas en que se puede expresar la ira de forma adecuada. Las investigaciones han revelado patrones en las reglas de exhibición entre las culturas individualistas y colectivistas.

Las culturas individualistas defienden la autoexpresión y la independencia. Sus reglas de exhibición de la ira establecen que es más apropiado:

1. Minimizar la expresión de la ira en lugar de eliminarla por completo.
2. Muestre su enfado a los amigos y a la familia antes que a los desconocidos. Las personas de las culturas individualistas tienden a cambiar de grupo; por lo tanto, les resulta más importante mantener relaciones con personas que no conocen que con la familia y los amigos. Estas personas también dependen menos de un único grupo de interacciones sociales.

Las culturas colectivistas dan prioridad a la cohesión y la cooperación del grupo. Sus reglas de exhibición de la ira establecen que es más apropiado:

1. Mantén la armonía. La armonía es importante; por lo tanto, también hay

que ocultar la ira para mantenerla. La gente puede no mostrar ninguna emoción o enmascarar su ira con otras cosas.
2. Exprese su ira a extraños en lugar de a familiares o amigos. Algunos mecanismos de afrontamiento de la ira pueden ser apoyados por una comunidad y desaconsejados por otra, por lo que uno debe tener en cuenta su cultura al buscar ayuda para el control de la ira.

Poblaciones afectadas por la ira

La ira puede afectar a cualquiera, independientemente de la edad, el sexo o la etnia. En la mayoría de los casos, la ira se alimenta de nuestras creencias y de la exposición a ella. Si estamos expuestos a la ira a una edad temprana, o las creencias que se nos inculcan no son racionales, es más probable que nos afecte la emoción.

Adultos

La ira en los adultos suele afectar a la vida profesional y familiar. Uno de los retos que motiva ampliamente a los adultos a buscar ayuda para el control de la ira es la vida profesional. Existen herramientas preventivas y correctivas de la ira para que las personas puedan hacer frente al estrés y la ira derivados de cuestiones relacionadas con el trabajo. Por ejemplo, las personas que trabajan con individuos con problemas mentales probablemente experimenten estrés cuando tienen pacientes que no mejoran. En consecuencia, tendrán problemas de ira. Se han desarrollado habilidades de control de la ira para ayudar a estos cuidadores (por ejemplo, los que trabajan con personas con demencia) a afrontar los sentimientos de frustración que pueden llevar a la ira. Otros programas de control de la ira están diseñados para ayudar a las parejas que tienen problemas de control de la ira.

Niños y adolescentes

La capacidad de un niño para comprender sus emociones y cómo reaccionar en determinadas situaciones puede determinar en gran medida su forma de expresar la ira. Compartir con los niños pequeños las formas adecuadas de expresar la ira puede ayudarles mucho a reaccionar ante las situaciones. Algunos programas de control de la ira centrados en el comportamiento cognitivo se han modificado para los adolescentes y los niños más pequeños. Se han diseñado tres tipos comunes de terapia cognitivo-conductual para los jóvenes, que incluyen el desarrollo de habilidades para la vida, la educación eficaz y la resolución de problemas. Las habilidades para la vida se centran en la empatía, la comunicación, la asertividad, etc. y utilizan el modelado para enseñar las reacciones a la ira.

Una educación eficaz presta atención a los sentimientos de ira y relajación. La resolución de problemas ayuda al paciente a ver la causa y el efecto de la situación en lugar de permitir que la ira domine. Algunos factores que se tienen en cuenta a la hora de seleccionar una terapia para niños y adultos son la edad, la socialización y la gravedad del problema de ira. En el caso de los niños, la terapia de control de la ira puede hacerse más divertida incluyendo actividades más atractivas para ellos. Los adolescentes pueden sacar más provecho de las sesiones de terapia si se les ayuda en su entorno social natural.

La terapia de control de la ira seleccionada para los niños y adolescentes debe tener una intensidad que se ajuste a las acciones. Por ejemplo, si un adolescente tiene graves arrebatos de ira en clase, debería tener sesiones más largas con el terapeuta escolar. Algunas reacciones de ira más graves podrían requerir acciones duras, como sesiones de gestión en un centro correccional de menores.

Personas con discapacidad intelectual

Las personas con discapacidad intelectual pueden tener problemas para controlar la ira. Dependiendo del individuo y del entorno, hay ciertas estrategias que se utilizan para minimizar la agresividad de estas personas:

1. Las **estrategias reactivas** tienen como objetivo minimizar el impacto del comportamiento excesivamente agresivo. Un terapeuta puede utilizar protocolos establecidos, como el aislamiento forzado en el momento de la ira.

2. La **gestión de contingencias** se centra en la remodelación del comportamiento

mediante algunas formas de castigo y refuerzo.

3. **Las intervenciones ecológicas** suelen utilizar el entorno para provocar un efecto calmante en la persona enfadada.

4. La **programación positiva** normalmente enseña habilidades de reacción positiva en lugar de agresión.

Criminales violentos

Los delincuentes violentos son propensos a la ira debido a su entorno. A veces, el hecho de encarcelarlos lo empeora aún más porque la mayoría de los centros de incineración son incontrolados. Normalmente, los delincuentes violentos necesitan la agresión para salirse con la suya. Por lo tanto, despliegan la ira para anular la naturaleza humana natural-racional.

Abusadores de sustancias

Las personas que abusan del alcohol y las drogas corren un mayor riesgo de enfadarse y ser incapaces de controlarlo. Si una persona enfadada no puede controlar bien ciertos aspectos de su vida, el riesgo de ira aumenta.

Trastorno de estrés postraumático

El trastorno de estrés postraumático suele provocar problemas de control de la ira. Las personas con lesiones cerebrales también tienen dificultades para controlar la ira, especialmente si la parte del cerebro responsable de las reacciones impulsivas está afectada.

Capítulo 3: Signos y síntomas de los problemas relacionados con la ira

Antes de que uno pueda aprender las técnicas para gestionar la emoción de la ira, necesita aprender las manifestaciones de la ira. Es necesario responder a preguntas como "¿Cuáles son los indicios de que estoy enfadado? ¿Qué lugares, personas y acontecimientos me hacen enfadar? ¿Cuál es mi reacción cuando me enfado? ¿Cómo afectan mis acciones a los demás? " Obtener las respuestas adecuadas a estas preguntas requiere tiempo y atención. Es posible que una persona descubra más de una cosa que le hace enfadar. En el proceso, uno identificará algunas de las señales que aparecen cuando se produce la ira. Estas respuestas suelen ser el comienzo del plan de control de la ira. Le ayudarán a uno a elaborar un plan que valga la pena y que ayude a controlar la ira.

La ira se manifiesta de diferentes formas, y mientras algunas personas son capaces de controlar la emoción, otras no. Algunos individuos tienen problemas para controlar su ira y otros la experimentan fuera del ámbito normal del ser humano. Esta ira que se manifiesta fuera del ámbito normal de la emoción puede presentar diferentes tipos de trastornos. Algunas de las formas de ira ampliamente aceptadas son la ira crónica, la ira abrumadora, la ira pasiva, la ira autoinfligida, la ira volátil y la ira de juicio.

Enfado crónico: esta forma de enfado se prolonga durante mucho tiempo y normalmente tiene un impacto en el sistema inmunológico. También se ha relacionado con ciertos tipos de trastornos mentales.

Cólera abrumadora: es una forma de cólera que surge cuando las exigencias de la vida son demasiado para una persona.

Enfado pasivo - Esta forma de enfado no siempre aparece como enfado y, por tanto, puede ser difícil de identificar. A veces, las personas que experimentan la ira pasiva ni siquiera se dan cuenta de que están enfadadas.

En la mayoría de los casos, la ira pasiva se manifiesta como apatía, sarcasmo y maldad. Una persona que experimenta ira pasiva participará en patrones de comportamiento autodestructivos, como el alejamiento de la familia y los amigos, la falta de asistencia a la escuela y al trabajo, y el bajo rendimiento en situaciones sociales y profesionales. Para las personas ajenas, estos patrones de autosabotaje parecerán intencionados, aunque la persona afectada no se dé cuenta de la causa y el efecto. La ira pasiva puede ser difícil de reconocer porque suele estar reprimida. El asesoramiento puede ayudar a identificar la emoción que desencadena las actividades de autosabotaje y a sacar a la luz los asuntos subyacentes para que puedan ser tratados.

Cólera agresiva - Las personas con tendencia a la cólera agresiva suelen ser conscientes de sus sentimientos, aunque no siempre entienden la causa de su comportamiento. En algunos casos, estas personas redirigen los estallidos de ira hacia chivos expiatorios porque tienen dificultades para abordar el verdadero problema. A menudo, la ira agresiva se manifiesta como una ira de represalia o volátil y puede provocar daños físicos a personas y bienes. Aprender a identificar los factores desencadenantes y a gestionar los síntomas es importante para afrontar la ira agresiva de forma positiva.

Ira crónica

Básicamente, la ira es una emoción diseñada para empoderarnos y encontrar medios constructivos para satisfacer nuestras necesidades y deseos. Sin embargo, las personas que han abrazado la ira crónica (a largo plazo) acaban perdiendo el poder. Las personas con ira crónica ven el mundo a través de un filtro limitado a su emoción. Los que sufren de ira crónica tienen una tendencia profundamente arraigada que es reactiva y apenas está influenciada por la autorreflexión y el pensamiento. Normalmente, estas personas tienen una visión estrecha y sus reacciones suelen ser rígidas. En consecuencia, sus acciones tienen un poder disminuido. Normalmente, las acciones de estos individuos merman la capacidad de las personas afectadas para satisfacer sus deseos y necesidades de forma genuina.

La ira crónica tiene muchas caras dependiendo del individuo en cuestión. Por ejemplo, algunas personas buscan pelearse cuando están intoxicadas. Una persona entrará en un bar, elegirá a alguien para dirigir su ira y comenzará una pelea. Incluso si la persona es detenida por pelear en el bar y expulsada, elegirá a alguien que salga del bar y seguirá peleando. Normalmente, esto da lugar a detenciones u otras duras consecuencias.

El enfado crónico también es evidente en Internet, ya que la gente emite opiniones predominantemente egoístas. Estas afirmaciones hechas desde la ira merman la capacidad de ser abierto, civilizado, compasivo y comprensivo. La ira crónica es una catarata que nubla nuestro juicio y nuestra visión. Somos incapaces de ver lo bueno en los demás e incluso en nosotros mismos. Nos hace pensar que los desacuerdos nos hacen menos humanos.

La ira crónica es, en la mayoría de los casos, omnipresente y se manifiesta en las relaciones, en el lugar de trabajo y en otros segmentos de la vida. Muestra una vulnerabilidad continua a enfadarse, así como una actitud habitual de hostilidad. En la mayoría de los casos, la ira crónica se alimenta de las heridas y cicatrices emocionales y mentales de las personas: las cosas que sucedieron en nuestro pasado y que somos incapaces de superar. Estas heridas suelen tener su origen en anteriores negligencias y abusos físicos y emocionales. También pueden haberse originado por amenazas y pérdidas en nuestra vida reciente. Estas pérdidas pueden ocurrir en el empleo, la salud, las finanzas, el estatus social, económico, etc.

Mientras que algunas personas pueden señalar claramente el origen de su ira, otras no pueden asociar su estado con sus heridas y miedos anteriores. Las personas que no pueden relacionar su estado actual con las cosas que les sucedieron en el pasado normalmente intentan negar sus sentimientos o minimizar el impacto de ver lo que pasaron. A veces, el sentimiento de negación se debe a la vergüenza y la culpa. En la mayoría de los casos, se culparán a sí mismos por las cosas que les rompieron en un intento de esconderse de su confusión y rabia con respecto a los acontecimientos. En cualquier caso, la gravedad de las heridas sufridas en el pasado puede contribuir a un estado de hipersensibilidad y reacción exagerada porque cualquier asunto se siente como un maltrato.

Muchas personas que han sido heridas en el pasado abrazan el dolor crónico como una armadura mental con la intención de protegerse del sufrimiento. Este abrazo puede producirse de forma intencionada o no. La ira crónica puede ser utilizada por una persona para eludir la autorreflexión, algo que es necesario para crear una identidad. La ira le ayuda a uno a evitar preguntas como "¿quién soy y cuál es mi propósito?". Sin hacer estas consideraciones, uno se aferrará a las creencias con las que creció. En consecuencia, no habrá tiempo para analizar el pasado y el estado actual de la ira. A menos que tengamos respuestas a preguntas que nos ayuden a construir nuestro propio carácter, seguiremos aferrados a la ira crónica. No desarrollaremos una personalidad compleja que resuene con la persona que somos y queremos ser.

El enfado crónico nos deja reactivos, y tenemos una personalidad muy débil, por lo que respondemos a cualquier otro drama de forma drástica. La falta de gustos y deseos propios nos deja en un estado de reacción por defecto. Una persona también puede evitar la construcción de su personalidad si siente que los roles y deberes que le imponen sus padres o la sociedad son inalcanzables. Esta postura suele ser evidente en la actitud "No sé quién soy y quiero ser, pero estoy seguro de que no me gustaría ser tú".

Otras personas adoptan la ira crónica para evitar asumir la responsabilidad de sus vidas. Por lo general, es más fácil culpar a otra persona o a una circunstancia de una determinada situación que asumir la responsabilidad. Culpar a otra persona le ayuda a uno a renunciar a todo el poder y el control que podría haber utilizado para alterar la situación. Asumir el dolor crónico ayudará a la persona a no buscar cursos de acción alternativos incluso cuando tenga dolor.

Aferrarse a la ira suele estar respaldado por la necesidad de protegerse para no ser herido de nuevo. Aferrarse a la ira a largo plazo nos ayuda a desarrollar una mentalidad de hipervigilancia, es decir, estamos constantemente en guardia, esperando que alguien nos ofenda. Esta mentalidad incluye la creencia errónea de que otras personas están buscando maneras de hacernos daño, o que no debemos confiar en nadie. Esta mentalidad obstaculiza la intimidad, y no podemos invertir y compartir a un nivel emocional más profundo. De nuevo, la falta de confianza se suma a nuestra rapidez para evitar las relaciones cercanas y contribuye a la incapacidad de perdonarnos a nosotros mismos y a los demás.

Al abrazar el dolor, algunas personas son capaces de evitar el dolor del luto y el duelo. Evitan identificar y aceptar el dolor que hay detrás de la herida, un proceso que es importante para soltar las heridas. La incapacidad de dejar ir lo que sucedió en el pasado conduce a un tiempo congelado en el que uno ve que tiene oportunidades y opciones limitadas para cambiar las cosas. En consecuencia, nos vemos obligados a centrarnos en el pasado de una forma negativa que ensombrece la percepción del futuro.

Sea cual sea la razón que uno elija para abrazar la ira crónica, la emoción prolongada puede paralizarnos. La ira crónica fomentará una sensación de falta de poder que sólo conducirá a más ira en un intento de sentirse poderoso. Esta ira prolongada también puede contribuir al abuso del alcohol y de las drogas, así como al autodesprecio. Las personas que sufren de ira crónica, en la mayoría de los casos, se aferran a culpar y odiar a los demás por su miseria.

La ira crónica también puede significar otros trastornos como la depresión. También puede ser consecuencia de otros trastornos. Al igual que la depresión, la ira crónica también conduce al pesimismo hacia el futuro. En consecuencia, una persona con ira crónica no se comprometerá con objetivos futuros que podrían mejorar su vida. La ira crónica hará que a la persona le resulte difícil imaginar el futuro sin ira. Ni siquiera se puede imaginar un futuro brillante, lleno de felicidad, satisfacción y significado.

Una similitud entre la ira crónica y la procrastinación es que uno se siente protegido. La procrastinación le protege a uno de la tensión de emprender una actividad, mientras que la ira crónica congela a la persona en el tiempo, evitando así el futuro. Una persona con enfado crónico buscará todo tipo de excusas para evitar enfrentarse al futuro. Por ejemplo, en lugar de analizar las cosas que influyen en el enfado, explicará que otras personas no están enfadadas porque lo han tenido fácil en la vida.

La identidad de la ira crónica proviene en su mayor parte del odio a otras personas que son diferentes a nosotros. En segundo lugar, la ira crónica se basa en la creencia de que no puede alcanzar la felicidad mientras esas personas que odia sigan en su vida. Su presencia y existencia se sienten como un obstáculo. Esta mentalidad rígida otorga a otras personas demasiado poder sobre nuestras vidas y, al mismo tiempo, nos roba todo lo bueno.

Cuando nos aferramos a la ira crónica, no logramos comprender ni darnos cuenta de las cosas que realmente necesitamos. Sólo podemos identificar nuestros deseos clave cuando nos planteamos y reflexionamos sobre nuestra ira y nuestras reacciones. Un análisis minucioso revelará las necesidades que hemos frustrado o amenazado. Puede ser un deseo de seguridad, confianza, respeto y protección. Hay que tener en cuenta que aferrarse a esa ira sólo dificulta la satisfacción de los deseos.

Sinceramente, la vida es difícil. De hecho, la vida no es ni justa ni equitativa. Imagine a un veterano que ha perdido un miembro mientras luchaba por la paz en el mundo. Este veterano tiene todo el derecho a estar enfadado y amargado. Puede elegir quedarse en un estado abusivo, abusar de las drogas y despotricar de los fallos del gobierno. Sin embargo, un buen número de ellos opta por dedicarse a cursos constructivos como el deporte. Siguen adelante con la vida a pesar de sus pérdidas.

Aferrarse a la ira sólo le priva de una buena vida. Todo el mundo tiene retos, y la mejor opción que tiene es superar los suyos. Superar los retos y las heridas requiere una voluntad fortalecida. El verdadero cambio no se produce fácilmente, sino que exige algunas acciones serias frente al dolor. No importa si obtiene su motivación de la fe, de un mal o buen recuerdo, o de una recompensa en el futuro. Hay que poner mucha voluntad para romper un hábito. Para dejar de lado la ira crónica, tenemos que centrarnos en el futuro en nuestro comportamiento y nuestros pensamientos.

Es importante que exploremos la ira y las formas de gestionarla. A través de un asesoramiento que incluya una profunda autorreflexión y la práctica de nuevas habilidades, permitiendo un espacio para el luto y el duelo y, en última instancia, haciendo las paces con el pasado, uno puede encontrar formas de hacer las paces con la ira. Gestionar la ira puede requerir cultivar una voz de autocompasión que reconozca el dolor y el sufrimiento personales.

Independientemente de la persona en la que nos hayamos convertido y de la que creamos que somos, existe la posibilidad de que podamos desarrollar nuevos hábitos. Estos hábitos alterarán la forma en que nos relacionamos con nuestros sentimientos, pensamientos y comportamiento en términos de ira. Las estrategias de manejo de la ira nos ayudarán a llevar una vida que resulte en una mayor satisfacción.

Síntomas emocionales de los problemas relacionados con la ira

Uno podría pensar que el estallido de ira es el único indicador de una incapacidad para manejar la emoción, pero hay muchos síntomas que muestran una ira no gestionada. Algunos de los otros indicadores que muestran que uno no está manejando la ira de una manera sana y eficaz incluyen la irritabilidad constante, la ansiedad, la depresión, la tristeza, el resentimiento, la rabia, entre otros. Una sensación constante de agobio, problemas con la organización de los pensamientos y sentimientos, y fantasías de que uno es mejor que los demás también podrían indicar un trastorno de ira u otros problemas de ira.

Síntomas físicos de los problemas relacionados con la ira

Hay indicadores físicos de la ira, por ejemplo, palpitaciones, hormigueos, aumento de la presión arterial, fatiga, dolores de cabeza, mandíbulas apretadas, rechinar de dientes, dolor de estómago, dolor de cabeza, mareos, temblores y sacudidas, sudoración, sensación de calor en la cara y presión en la cabeza.

Otros síntomas que pueden indicar un fallo en el control de la ira son: empezar a gritar y levantar la voz por asuntos sin importancia, volverse sarcástico, levantar la voz, gritar y llorar, perder el sentido del humor, actuar de forma abusiva, etc.

Capítulo 4: Los costes de la ira

La ira tiene procesos y consecuencias tanto psicológicas como fisiológicas. Como tal, la ira puede tener un impacto negativo en el estado físico y emocional de la salud. La relación negativa entre la ira y las enfermedades cardíacas ha demostrado ser cierta.

Costes sanitarios

Presión arterial y enfermedades del corazón

Los científicos han descubierto que existe una conexión directa entre el estado de ser constantemente competitivo, agresivo y enojado, y las enfermedades cardíacas tempranas. Por ejemplo, estudios recientes demuestran que los hombres que carecen de habilidades para controlar la ira tienden a tener más probabilidades de sufrir una enfermedad cardíaca antes de llegar a los 55 años, en comparación con sus compañeros. Otro estudio reveló que es más fácil predecir con exactitud la probabilidad de sufrir un ataque al corazón en los hombres utilizando su índice de hostilidad. El índice de hostilidad se refiere al grado de irritabilidad y hostilidad de una persona hacia otra. Es más fácil predecir un infarto mediante el índice de hostilidad que con otras causas como los niveles de colesterol, el consumo de tabaco, la ingesta de alcohol, etc.

La expresión de la hostilidad y la ira también se relaciona con la reactividad de la presión arterial y la hipertensión (presión arterial alta). En un estudio en el que se analizaron los efectos de la distracción y el acoso en hombres que intentaban realizar una tarea, sólo los hombres que presentaban una alta hostilidad mostraron un aumento de los niveles de presión arterial y un mayor flujo sanguíneo hacia los músculos. Los hombres con puntuaciones más bajas en la escala de valoración de la hostilidad no mostraron los cambios fisiológicos mencionados. Los hombres con niveles de hostilidad más altos también informaron de una irritación y un enfado más persistentes que los que tenían niveles más bajos. Las pruebas de estos estudios y otros similares revelaron que existe una gran relación entre la propensión a la hiperactividad fisiológica y la ira. Algunas personas tienden a excitarse con facilidad y permanecen estresadas durante largos periodos, lo que provoca daños acumulativos e importantes en su organismo.

Numerosos estudios han revelado claramente que tener hostilidad, agresividad e ira constantes y crónicas aumentará la probabilidad de desarrollar una serie de enfermedades cardíacas mortales cinco veces más de lo normal. Cuanto más hostil sea usted, mayor será el riesgo de sufrir una enfermedad cardíaca. Si ve que pierde los nervios cada vez que tiene que esperar mucho tiempo en la cola de un supermercado, o si el atasco le saca de quicio, es importante que compruebe el daño que puede estar provocando. La ira puede destruir lentamente su vida o incluso matarle.

Tipos de personalidad e ira

Existen diferentes tipos de personalidad clasificados según sus características únicas. Las personas crónicamente hostiles, irritables e iracundas se encuentran normalmente bajo la personalidad 'tipo A'. Las personas con personalidades más relajadas se clasifican como 'tipo B'. Estas clasificaciones fueron inventadas por los doctores Meyer Friedman y Ray Rosenman a finales de la década de 1950 como medio para diferenciar entre los pacientes que tienen más posibilidades de padecer enfermedades cardíacas y los que tienen menos posibilidades. Las personalidades "tipo A" tienen más probabilidades de alcanzar un gran éxito profesional, pero tienden a mostrar más agresividad y rasgos de personalidad competitivos. La personalidad de tipo B tiende a abordar la vida por una vía fácil. En consecuencia, las personalidades 'tipo A' son más propensas a sufrir ataques al corazón que las 'tipo B'. En concreto, las personalidades 'tipo A' muestran los siguientes rasgos: rapidez para enfadarse, competitividad, reactividad explosiva, irritabilidad, impaciencia y hostilidad. Estos rasgos indican una alta probabilidad de padecer enfermedades cardíacas.

En el lado positivo, las personas de personalidad "tipo A" suelen ser muy decididas y están impulsadas a triunfar. No permiten que nada se interponga en su camino cuando persiguen sus objetivos. Están concentrados y, por consiguiente, siempre tienen prisa. Estas personas carecen de paciencia con sus colegas y con la gente que les rodea, especialmente con los de la personalidad "tipo B". Las personalidades de tipo A parecen ignorar a los demás sobre todo porque su mente está ocupada en otras cosas o están ocupados en otra cosa. Estas personas también tienden a ser muy críticas y a criticar muchas cosas. A menudo se centran en los puntos débiles de otras personas, concentrándose en asuntos como la impuntualidad, la indiferencia, la poca habilidad para conducir, etc. Las personas con personalidad "tipo A" tienden a enfadarse con los que consideran incompetentes o que tienen algunos defectos.

Desde el punto de vista fisiológico, los hombres de la categoría de personalidad "tipo A" (sobre todo los que tienen altos niveles de hostilidad) muestran una menor respuesta del sistema nervioso parasimpático en comparación con los que tienen una personalidad más relajada, tipo B. El sistema nervioso parasimpático se refiere a la parte del sistema nervioso que se encarga de calmar los momentos de ira. El sistema nervioso simpático (o SNS) es lo contrario del sistema nervioso parasimpático, que provoca la excitación en los momentos de ira. El sistema nervioso simpático es el responsable de inundar el cuerpo con hormonas del estrés que provocan la excitación. Estas hormonas del estrés incluyen la adrenalina y la noradrenalina principalmente. El sistema nervioso parasimpático desempeña el papel de contrarrestar las hormonas de la excitación liberando acetilcolina que neutraliza las otras hormonas, permitiendo que el cuerpo se relaje y se calme. Cuando un sistema nervioso parasimpático sano responde, hace que el cuerpo trabaje menos, reduciendo así la tensión de órganos como el corazón y las venas. Sin embargo, dado que el sistema nervioso parasimpático de los hombres "tipo A" es más débil de lo normal, normalmente son incapaces de calmarse y, por tanto, sufren daños corporales.

Extrañamente, incluso el sistema inmunológico de las personas con personalidad tipo A parece ser más débil. El sistema inmunitario desempeña un papel importante a la hora de ayudar al cuerpo a mantenerse libre de células cancerosas mediante la producción de otras células asesinas que se encargan de eliminar las células tumorales una vez que se forman en el cuerpo. Un estudio reveló que los estudiantes con altos índices de hostilidad (Tipo A) tenían menos células asesinas en el cuerpo durante los períodos de alto estrés, como cuando se presentan exámenes difíciles. Este no era el caso de los estudiantes con personalidad tipo B.

En resumen, a diferencia de la personalidad de tipo B, las personas de tipo A están conectadas de forma diferente, ya que pasan más tiempo bajo la influencia de un sistema nervioso excitado. Esto no ocurre con la personalidad de tipo B. La excitación repetida de la presión sanguínea y el ritmo cardíaco, y otras variedades de factores que intervienen en la respuesta de excitación del tipo A causan daños acumulativos y hasta cierto punto no reparables en los órganos y tejidos del cuerpo. Las diferencias en la exposición al estrés explican las mayores tasas de mortalidad temprana asociadas a la categoría de personalidad tipo A.

Costes sociales

La ira no sólo tiene efectos físicos, sino que también supone una serie de costes emocionales y sociales. La ira se correlaciona con la hostilidad, que a su vez dificulta la salud y las relaciones constructivas de las personas.

Debido a la naturaleza constante de la ira, las personas hostiles seguirán perdiendo amigos y conservando muy pocas relaciones cercanas. Además, las personas hostiles son más propensas a sufrir depresión y tienen una mayor probabilidad de ser abusivas con los demás, tanto física como verbalmente. Y lo que es más importante, la ira crónica interfiere en la intimidad de una relación personal, ya sea con un miembro de la familia o con la pareja. A las personas normales les resulta difícil bajar la guardia cuando tratan con una persona enfadada; de ahí las tensiones en las relaciones.

A primera vista, esta pérdida de relaciones puede no sonar como un mal destino, especialmente para aquellos a los que les gusta su espacio. Sin embargo, las investigaciones demuestran que es importante tener relaciones sanas y de apoyo con los amigos, la familia, los colegas y los compañeros de trabajo para mantener la salud. Contar con el apoyo social de los compañeros ayuda a mantener alejados los problemas emocionales y los trastornos de salud más profundos, como las enfermedades cardíacas. Las personas tienen menos probabilidades de sufrir una depresión debilitante si cuentan con un apoyo social fuerte y viable.

Las personas enfadadas tienden a tener una actitud cínica hacia los demás y a menudo no utilizan la ayuda cuando se les ofrece. Estas personas tampoco reconocen el impacto de sus acciones y su comportamiento en los demás; apenas se dan cuenta de que están alejando a la gente poco a poco. La ira hace que estas personas ridiculicen la ayuda genuina de los amigos. La ira también se ha relacionado con los malos hábitos alimenticios y de consumo de alcohol, así como con el abuso de sustancias. Como las personas enfadadas no mantienen vínculos con otras personas, no habrá nadie que les ayude a lidiar con los malos hábitos, lo que aumenta las posibilidades de sufrir graves consecuencias para la salud.

La respuesta fisiológica y la excitación debidas a la ira evolucionaron para que las personas puedan manejar las amenazas físicas de forma constructiva. Sin embargo, en el mundo actual, son muy pocas las ocasiones en las que es necesario responder con una agresión física. Si nos fijamos en los lugares de trabajo, las reuniones sociales, los hogares, las escuelas, etc.

hay muy pocos casos en los que las peleas físicas y los altercados verbales sean viables. Agredir a un jefe puede llevar a la pérdida del puesto de trabajo y pelearse con un conductor lento en la carretera puede llevarle a los tribunales.

La ira no controlada le llevará a los tribunales, le hará perder el trabajo e incluso le recluirá la familia y los amigos. Las personas que sufren de ira incontrolada no sólo sufrirán físicamente, sino también social y emocionalmente. Es importante que se controle cualquier comportamiento agresivo y perturbador derivado de una ira mal gestionada.

Costes y efectos motivacionales de la ira

Como se ha visto anteriormente, la ira no sólo afecta al estado físico de una persona. También afecta al estado psicológico de una persona. ¿Se ha preguntado alguna vez por qué a las personas enfadadas les resulta difícil dejar de lado sus hábitos? Hay algunas creencias y beneficios motivacionales vinculados a la ira. Algunos de estos beneficios son cortos de miras; otros son saludables, mientras que otros son autodestructivos.

En el lado positivo, la ira tiende a generar una sensación de control y poder en una situación que, de otro modo, implicaría miedo y sensación de debilidad. Antes del sentimiento de ira, uno puede carecer de la sensación de fuerza, pero a medida que la emoción aumenta, el control y la rectitud motivan a la persona a cambiar y desafiar la difícil injusticia social o interpersonal. Cuando la ira se maneja adecuadamente, le ayudará a uno a motivar a los demás para ganar un caso que de otro modo sería imposible de manejar. A veces, la ira le da a uno un descanso del sentimiento de miedo y vulnerabilidad; es una buena forma de desahogar las frustraciones y las tensiones.

La ira aumenta la energía necesaria para defenderse cuando se está perpetrando un mal. Por ejemplo, si uno es víctima de la violencia doméstica durante mucho tiempo, y la ira llega a un punto de ebullición, la vulnerabilidad desaparece y la fuerza se apodera de la persona para ayudarla a abandonar la relación abusiva. En estos casos, la ira puede ser una fuerza muy positiva en la vida. Ayuda a seguir adelante y a perseverar cuando se lucha por una buena causa, por ejemplo, Mahatma Gandhi y otros luchadores por la libertad.

Aunque la ira tiene motivaciones positivas, también tiene otras negativas. La ira es capaz de crear y reforzar un falso sentimiento de derecho, es decir, un sentimiento ilusorio de superioridad que permite justificar actos inmorales. Por ejemplo, la agresión motivada por la ira puede utilizarse para justificar el terrorismo o para intimidar y coaccionar a las personas para que hagan lo que uno quiere aunque sea en contra de su voluntad. Es más probable que las personas enfadadas se adhieran a la filosofía de que el fin justifica los medios y entonces seleccionen algún medio injustificado para lograr sus objetivos. Si la ira le ha llevado al lado oscuro de alguna manera, como lo hizo con Eric Harris y Dylan Klebold, los tiradores de la escuela que asesinaron a sus compañeros en Colorado en 1999, entonces es hora de buscar ayuda.

Hay que darse cuenta de que la ira puede tener un efecto positivo o negativo. Por lo tanto, si la ira llega a un punto de ebullición y le hace alejarse de un cónyuge abusivo, entonces esa ira es buena. Pero si utiliza la ira para intimidar y atemorizar a los demás para que hagan lo que usted quiere, incluso sin tener en cuenta las consecuencias, entonces hay un peligro, y está actuando tan mal como un matón.

Capítulo 5: La ira y la salud mental

La ira no siempre es un trastorno en sí mismo. A veces, puede significar otro trastorno mental. Al evaluar la ira, el terapeuta debe abordar cualquier diagnóstico subyacente. Hay una serie de trastornos mentales estrechamente relacionados con la ira, entre ellos:

- **Trastorno bipolar** - Una característica común de la manía es la irritabilidad. Una persona puede tener síntomas de ira en la fase depresiva.
- **Depresión mayor** - La ira puede dirigirse a uno mismo o a los demás.
- **Trastorno narcisista de la personalidad** - Una persona narcisista puede arremeter con ira si alguien hiere o ataca su ego. Utilizan la ira para enmascarar otros sentimientos como el miedo y la inferioridad.
- **Comportamiento de oposición desafiante - El** comportamiento hostil

o de ira es uno de los principales signos del TOD en los niños.
- **Trastorno de estrés postraumático**: el TEPT suele provocar un estallido de ira incluso sin provocación. El estrés lleva a la persona al límite de tal manera que la mente deja de funcionar normalmente.

La conexión entre la ira y el estrés

Podrías preguntarte si el estrés es lo mismo que la ira. ¿El estrés es el resultado de la ira o la ira es el resultado del estrés? La gente dice que hoy hay más ira en el mundo que hace 20 años. Teniendo en cuenta las condiciones de vida actuales, esto podría ser cierto. Otras personas dicen que hay más ira hoy en día y que es evidente en la violencia en el lugar de trabajo, la ira en la carretera, los tiroteos en las escuelas, etc. El estrés puede aumentar ciertos problemas y si experimentas ira a menudo, es probable que el estrés la empeore.

El estrés saludable es muy bueno cuando se controla. El eustrés (estrés saludable) nos hace levantarnos de la cama por la mañana y perseguir nuestros sueños. También es lo que nos hace estar atentos durante todo el día. Este tipo de estrés no conduce a la irritabilidad ni a la ira. Las personas que carecen de Eustress suelen ser calificadas de desmotivadas o perezosas por los demás.

Por otro lado, existe una forma de estrés llamada angustia. Este tipo de estrés hace que las personas estén irritables o francamente enfadadas. Este estrés suele producirse cuando el enfado es excesivo y ya no actúa como motivador. El estrés puede ser abrumador cuando una combinación de factores estresantes se acumula en una persona. Un día, el estrés se vuelve demasiado, y la persona no sabe cómo manejarlo, por lo que estalla en ira.

¿Hay algún otro sentimiento que esté detrás del estrés y la ira? Cuando uno se siente enfadado o estresado hay otros sentimientos que lo potencian. En la mayoría de los casos, uno se estresa o se enfada cuando se siente impotente, faltado de respeto, abrumado, temeroso, etc. Es importante observar los sentimientos que hay detrás del estrés y la ira para identificar el tratamiento más viable. Entender la causa de su acción le ayuda a seleccionar los pasos que le ayudarán a relajarse.

Una vez que haya identificado los pensamientos y sentimientos que contribuyen a la ira y el estrés, observe el entorno que le rodea. ¿Es su entorno caótico? ¿El entorno de su casa o de su trabajo le hace sentir muy fatigado e irritable? Una vez que vea los factores estresantes del entorno, busque formas de evitarlos o de afrontarlos. A veces las soluciones se limitan a cambiar su mentalidad

Hay sustancias que pueden aumentar la ira y el estrés, como el azúcar, la cafeína, la nicotina y el exceso de comida. También hay sustancias y prácticas que pueden ayudar a reducir el estrés, como los ejercicios, el aprendizaje de la comunicación, los pasatiempos, el diario, el yoga, la respiración profunda, el Qigong y la participación en actividades sociales.

Consejos rápidos para controlar el estrés y la ira

- Pregúntese: "¿Importará mañana, la próxima semana o el próximo mes?".
- Comprenda que la única persona responsable de usted es usted mismo.

- Entienda que la ira y el estrés son energía. Depende de usted decidir cómo quiere utilizarla: positiva o negativamente.
- Comprenda que si permite que otras personas le estresen, les está dando el poder de controlarle. ¿Realmente quiere que otras personas manejen sus sentimientos?

El impacto de la ira y el estrés

Lo ideal es que nos encontremos en un estado de homeostasis, es decir, que sintamos y vivamos de forma equilibrada. Físicamente, todo debería funcionar perfectamente y también las emociones. Debería haber un estado de bienestar pleno, sin estrés, angustia o ira. Sin embargo, ocurren muchas cosas que alteran ese equilibrio y nos llevan a otros estados de existencia. Los peligros del mundo exterior son la principal causa de los desequilibrios. Un autor y bloguero llamado Robert M. Sapolsky, MD, afirma que las cebras no tienen úlceras. En su libro titulado "Why, Zebras Don't Get Ulcers" (Por qué las cebras no tienen úlceras), D r. Sapolsky, afirma que cuando una cebra se ve amenazada por un depredador, sus sentidos de alerta aumentan. La presión sanguínea aumenta, el flujo de adrenalina se intensifica y el animal entra en modo de lucha o huida. La sangre se dirige a las patas y al corazón, por lo que la cebra corre muy rápido. La cebra escapará o morirá, pero en cualquier caso, se olvida en cuanto la situación ha terminado. Sin embargo, esto no se aplica a los humanos.

En nuestro caso, el estrés y la ira durarán mucho tiempo después de que la situación haya terminado. Por lo general, los seres humanos están diseñados para rumiar las cosas y encontrar soluciones. La rumiación sobre la situación peligrosa o enloquecedora provoca un aumento de los niveles de presión arterial y adrenalina. De hecho, nos encontraremos en un estado en el que podemos percibir ira cuando no la hay. Esa reacción explica por qué puede enfadarse en un atasco. El problema es que esos altos niveles de alerta debidos al estrés y la ira son perjudiciales para la salud. Deberíamos aprender a gestionar el estrés y la ira y, como la cebra, volver al estado de equilibrio.

La ira y sus creencias

Como hemos visto, hay una gran variedad de razones por las que uno puede enfadarse. ¿Sabía usted, o incluso sospechaba, que el sistema de creencias de una persona puede provocar un ataque de ira? Los investigadores han descubierto que las creencias de una persona afectan a sus niveles de ira.

¿En qué cree? ¿Qué creencias tiene? ¿Cuáles tiene y ya no le sirven? ¿Cuáles le hacen daño? Por definición, una creencia es algo que toma como verdad y, por tanto, se aferra a ella. Puede ser una lista de lo que se debe y no se debe hacer, un sistema de valores. Por ejemplo, puede creer que siendo una buena persona conseguirá pasar por la vida, que siempre se saldrá con la suya, que todo el mundo debe ser amable en cualquier circunstancia y que nadie se aprovechará de usted. ¿Hasta qué punto es cierta esa creencia?

Muchas creencias se forman durante la infancia sobre la base de lo que a uno le enseñan o lo que ha observado. Las creencias suelen ser inculcadas por los padres, tutores, profesores u otras figuras de autoridad. En muchos casos, estas enseñanzas son una ventaja cuando se utilizan bien. Sin embargo, algunas de ellas se convierten en creencias que dan lugar a problemas más adelante en la vida. Por ejemplo, las personas a las que se les hace creer que siempre deben salirse con la suya se enfadan mucho más que aquellas a las que se les enseñó que no podían ganar siempre.

La próxima vez que se sienta enfadado, examine detenidamente las cosas en las que cree. ¿Contribuyen a su enfado? ¿Son racionales? Muchas veces, una creencia que conduce a la ira es irracional o poco práctica. Una vez que identifiques el problema específico de la creencia, ajústela. Por ejemplo, puede darse cuenta de que una determinada creencia le dificulta mantener la calma y la racionalidad. Es mejor dejar de lado las creencias absurdas que seguir enfadado.

Otro ajuste que puede hacer es añadir comprensión a su creencia. Por ejemplo, si cree que todo el mundo debería tratarle de forma justa cada dos por tres, debería ajustarse a "Debería ser tratado correctamente, pero hay veces que seré tratado injustamente". Así es la vida. Aprenda a lidiar con ella en lugar de enfrentarse a ella.

Quizá quiera insistir en que sus creencias son correctas y racionales. Poner a prueba sus creencias le ayudará a saber si su ira está justificada. Recuerde que la ira es beneficiosa cuando se utiliza correctamente. Por ejemplo, las personas que utilizan la ira para defenderse la utilizan de forma correcta. La ira puede ayudarle a escapar de situaciones en las que alguien le maltrata. Si no fuera por las personas que utilizan la ira de forma justificada, no tendríamos algunos derechos civiles, algunas personas seguirían sin poder votar y habría muchas injusticias en el mundo. Cuando la ira esté justificada, utilice la energía de forma positiva. Evite la violencia. No sea verbalmente abusivo. Evite las cosas que puedan herir a otra persona.

El Iceberg

La ira es lo que normalmente vemos. Cuando una persona está enfadada, podemos ver los signos, los cambios físicos nos informan. Algunas personas sudan, otras aprietan los puños y otras levantan la voz. Si lo comprobamos de cerca, la ira es en realidad el iceberg. Lo que todos vemos es sólo la punta. Hay un sentimiento complejo detrás de lo sintomático, y varía de una persona a otra. El verdadero iceberg puede estar formado por inseguridades, miedo, orgullo herido, y frustración, por sentirse faltado de respeto y otras emociones.

Dado que el enfado que vemos es sólo el iceberg, se necesita un trabajo de detective para identificar la verdadera causa. Hay que identificar el problema subyacente para poder ayudar a la persona enfadada. El primer paso para controlar la ira es preguntarse: "¿Qué está causando estas emociones?". "¿Qué me hace sentir así?" Cuando una persona examina los sentimientos y las causas de la ira, entonces puede abordar el problema. Técnicas básicas como respirar, contar y meditar le ayudarán a lidiar con la punta del iceberg a corto plazo, pero se necesitará más para las soluciones a largo plazo.

Entender el iceberg es una gran manera de controlar su propia ira y la de otras personas. Cuando utilice la teoría del iceberg para analizar la ira, le resultará fácil comprender la ira de otra persona. Por ejemplo, cuando un compañero de trabajo se enfada en el trabajo por una razón ínfima, podrá ver que hay otra cosa detrás de la emoción actual. Es difícil que corresponda al enfado con ira cuando sabe que están actuando por miedo, celos, inseguridad, heridas o cosas del pasado. Cuando entendemos esto, es más fácil ser gentil en nuestras reacciones y empático.

En consecuencia, podremos ayudar a la persona a lidiar con la ira o al menos a mantener la calma. Es triste que muchas personas, y más los hombres, crean que está bien mostrar la ira a través de la agresión y la violencia, mientras que está mal mostrar otras emociones como la tristeza, el miedo, la culpa o la inferioridad. La mayoría de los sentimientos que llevan a la pérdida de control forman parte del iceberg de la ira. Estos sentimientos que no se pueden mostrar forman parte de los desencadenantes de la ira que se esconden bajo la superficie. Por lo tanto, hay que analizar todos los sentimientos que alimentan la ira. En lugar de tomar la ruta machista y expresar lo que es socialmente aceptable, busque formas de discutir sus verdaderos sentimientos. Mirar más allá de la ira y tratar los verdaderos problemas, le ayudará a lidiar con sus propias emociones así como con las de las personas que le rodean.

La ira, el alcohol y el abuso de drogas

Recuerde que la ira que vemos en la gente y en nosotros mismos es sólo la punta del iceberg. Hay más cosas. Algunas personas tienen problemas de control de la ira derivados del abuso de drogas y sustancias. Otras tienen problemas de ira debido a daños cerebrales.

En los casos en los que una persona abusa de las drogas y tiene problemas de control de la ira, el principal problema es que las drogas están atacando la funcionalidad del cerebro. Cuanto más se consumen las drogas, más se enfada la persona. Una variedad de razones puede contribuir a esa ira. Por ejemplo, cuando la persona se queda sin drogas, se enfada. Si surgen problemas familiares o personales debido a las drogas, y la persona afectada es incapaz de gestionarlos, se enfadará. Los ataques químicos directos al cerebro pueden provocar la ira.

Tenga en cuenta que suele ser difícil controlar la ira si la persona enfadada consume drogas con frecuencia. Un terapeuta puede trabajar con una persona así hasta que se quede sin aliento y probablemente no funcione. Estas personas necesitan ayuda con el abuso de sustancias antes de poder trabajar con la ira. Un programa de abuso de sustancias ayudará al paciente más que un programa directo de control de la ira.

Algunas personas tienen problemas de ira debido a lesiones cerebrales. Las secciones del cerebro encargadas de controlar la ira y otros impulsos se denominan lóbulos frontales, y están situadas justo detrás de la frente. Un accidente, como un choque de coche, un golpe en la cabeza o una caída, puede convertir a una persona por lo demás tranquila en un individuo enfadado y colérico. En realidad, es muy fácil dañar el cerebro hasta el punto de perder los nervios. En el caso de que una persona enfadada haya tenido alguna vez un accidente que pueda haber dañado el cerebro, es aconsejable que visite a un neurólogo antes de contratar a un terapeuta para el control de la ira. Existen intervenciones médicas para algunos de estos casos. Ayudan a la persona antes de que pueda acudir a la terapia. La mayoría de los casos de lesiones cerebrales requieren que se combinen fármacos psiquiátricos con programas de control de la ira. Aunque mucha gente cree que no hay esperanza para las personas con problemas de ira derivados de lesiones cerebrales, existe cierta ayuda. Un gran número de personas ha aprendido a controlar la ira a pesar de las lesiones. Sin embargo, se necesita mucha dedicación y trabajo.

Capítulo 6: La elección de gestionar la ira

El control de la ira suele describirse como la capacidad de desplegar la ira con éxito. El objetivo más adecuado del control de la ira consiste en regularla y controlarla para que no cause problemas. Aunque la ira forma parte de las emociones humanas, las formas que elegimos para expresarla pueden no ser aceptables o normales para las personas y el entorno. Una vez que una persona sospecha que tiene problemas de ira, o si las personas de confianza que le rodean le dicen que tiene problemas para controlar su ira, existe la necesidad de aprender sobre cómo tener un mejor control sobre la emoción.

Hay una variedad de programas de manejo de la ira e información disponible para cada persona a través de diferentes plataformas. Estos programas y planes están diseñados para ayudar a uno a manejar la ira y desarrollar una vida emocional saludable. Una buena ira ayuda a mantener una buena relación con otras personas y, como tal, los programas de manejo de la ira le ayudarán a dominar su problema de ira. Sin embargo, al igual que cualquier otro programa, los diseñados para el manejo de la ira beneficiarán a las personas que los sigan por completo y apliquen todo lo que tienen para ofrecer.

Aprender a controlar la ira requiere que uno se comprometa profundamente porque es una tarea continua. Requiere muchos cambios con respecto a las costumbres del pasado. Se requerirá reconsiderar las respuestas automáticas utilizadas formalmente. También se requerirá que asuma más responsabilidad por acciones y pensamientos que no requerían mucha reflexión en el pasado. Todos estos cambios requerirán un plan y mucha disciplina. En un esfuerzo por ayudarle a conseguir este plan y esta disciplina, le ayudaremos a revisar las formas en que las personas normales abordan los grandes cambios. Esta perspectiva le ayudará en el proceso de control de la ira. Es importante comprender la mejor manera de abordar un desafío, así como es importante superar el problema.

Las etapas del cambio

Normalmente, las personas pasan por una serie de etapas predecibles a medida que atraviesan los acontecimientos que cambian su vida. El progreso a través de las etapas se debe en gran medida a una combinación de técnica, motivación y dedicación. Algunos individuos avanzan a un ritmo rápido a través de las etapas, mientras que otros se toman su tiempo y, en algunos casos, dan un paso o dos hacia atrás antes de poder avanzar de nuevo.

Al estudiar las siguientes etapas, es importante considerar cómo afectó cada una de ellas a su vida durante una época de cambio. ¿Cómo se desarrollaron las etapas en su vida? También es bueno considerar cómo va a trabajar a través de los desafíos encontrados en cada etapa mientras persigue sus objetivos de control de la ira. No hay ninguna regla que establezca que uno debe seguir la secuencia de las etapas que se enumeran a continuación, pero uno debe asegurarse de que entiende bien cada etapa para lograr los objetivos establecidos.

La decisión de controlar la ira supondrá sin duda un gran cambio en la forma de vivir la vida. Es difícil que uno quiera hacer un gran cambio en la vida a menos que haya una gran cosa que aparezca y le haga reconsiderar las viejas formas de hacer las cosas. Hay cosas que aparecen en la vida de un individuo que lo motivan a buscar nuevas formas de manejar los asuntos. La mayoría de las personas sólo hacen cambios cuando han experimentado las graves consecuencias de la ira en su vida personal, laboral y social. Uno puede buscar ayuda después de que su cónyuge haya solicitado el divorcio tras una gran pelea o haya perdido el trabajo por un desacuerdo en el lugar de trabajo. Algunas personas buscarán ayuda cuando se den cuenta por sí mismas de que están conteniendo demasiada ira, mientras que otras buscarán ayuda sólo para quitarse de encima a otras personas.

Etapa de concienciación: La etapa de concienciación suele comenzar cuando la persona enfadada busca información sobre el control de la ira, por ejemplo, qué es la ira, cómo afecta a las relaciones y a la salud. ¿Cómo se puede controlar?

Etapa de preparación: La diferencia entre la etapa de concienciación y la de preparación es el compromiso. En la etapa de concienciación, la persona se concentra en reunir información. Por otro lado, la etapa de preparación implica la decisión de expresar la ira de forma constructiva. Además del compromiso, la preparación también implica la planificación y el autoestudio. Durante todas las etapas, y más aún en la de preparación, es importante llevar un diario de control de la ira en el que se anoten las cosas que le hacen enfadar, los sentimientos y las reacciones, y las consecuencias. El diario de la ira ayuda a ser más consciente e identificar los factores desencadenantes de la ira y, por lo tanto, a dar una idea de las proporciones de la ira. Cuanto más se estudie la ira, mayores serán las posibilidades de cambiar la forma de expresarla.

Etapa de acción: Esta etapa implica el inicio del cambio real. Uno puede decidir tomar un curso profesional sobre el manejo de la ira o comprar un conjunto de libros de guía, grabaciones o videos. La etapa de acción también implica el diseño de un programa personal para ayudarle de forma individual. Sin embargo, independientemente del programa que uno utilice, no servirá de nada si la persona no los aplica con persistencia y dedicación.

Mantener las ganancias: La etapa de mantenimiento de los cambios en la vida es una etapa interminable. Implica darse cuenta y aceptar que uno es humano y que es propenso a cometer errores, que no es perfecto y que a veces actuará de forma inadecuada, pero lo mejor es que siempre puede recuperarse de los fallos de comportamiento. Llegar a un cambio de comportamiento sostenido lleva tiempo. En algunos casos, se necesitarán múltiples fracasos e intentos antes de poder alcanzar el objetivo fijado. Cada vez que uno recae en un comportamiento antiguo, utilice las estrategias y herramientas que ha aprendido en el camino para volver desde donde cayó.

Es particularmente difícil para la mayoría de las personas con problemas de ira reunir la motivación necesaria para un compromiso serio de trabajar a través de un programa de manejo de la ira. Usted ve, la ira tiene una autojustificación y la calidad seductora a sí mismo, por lo tanto, la gente normalmente no se siente atraída por el manejo de la ira por su propia voluntad. La mayoría de los casos implican que la persona sufra las graves consecuencias de la ira antes de darse cuenta de que necesita ayuda para controlar los arrebatos. Incluso después de la realización, la motivación para seguir el programa puede ser realmente escasa.

Normalmente, las personas enfadadas dejan de asistir a un programa de control de la ira justo antes de terminarlo y, en otros casos, los que terminan pueden no aplicar las técnicas que han aprendido. Por lo tanto, la mayoría de las personas necesitan repetir los programas de manejo de la ira varias veces antes de que puedan comprender realmente el mensaje que necesitan incorporar en sus vidas por sí mismos.

Tratamiento obligatorio de control de la ira

Como se ha visto anteriormente, no todas las personas buscan voluntariamente ayuda cuando tienen problemas de control de la ira. Recuerde que la ira tiene motivaciones; cosas que la hacen sentir bien. Sin embargo, en casos extremos, el tribunal puede obligar a las personas a asistir a programas de tratamiento de la ira. Si uno está causando daño a los demás a través de la ira, y él / ella demuestra la falta de voluntad para trabajar en los hábitos, el tribunal está dispuesto a exigir que él / ella para asistir a las clases. Un empleador también puede obligar a un empleado enfadado a asistir a seminarios y programas de control de la ira, aunque sea a través del patrocinio de programas de asistencia al empleado.

En el caso de que haya sido obligado por un tribunal o por su empleador a asistir a programas de tratamiento para el control de la ira, es vital que aproveche al máximo la demanda. Mejor participe plenamente en el programa. Puede que no sea su voluntad pasar por el programa, pero entienda que es por su bien. Las personas que le han exigido tienen buenas intenciones; quieren que tenga el control de su vida antes de que otras personas empiecen a controlarla por usted. Están tratando de protegerle de perder su trabajo, de perder sus relaciones e incluso de ir a la cárcel. Si aprende a aplicar la ira de forma más productiva, mejorará su vida y reducirá las posibilidades de sufrir ciertas enfermedades y muertes prematuras. Tener en cuenta esto le ayudará a participar plenamente y a beneficiarse del programa de control de la ira.

El compromiso es esencial si quiere obtener realmente todos los beneficios del programa. Aprenda y practique las técnicas muchas veces para ayudarle a cambiar su comportamiento. El único billete que garantiza el éxito en un programa de control de la ira es hacer lo necesario para que el programa funcione. Recuerde que puede haber efectos negativos si no sigue todo el programa. El verdadero cambio sólo ocurrirá si usted coopera. Sin una cooperación total, ni siquiera una verdadera oportunidad de cambiar de vida le ayudará.

Por qué hay que mantenerse fresco

En la mayoría de los casos, la ira viene acompañada de mucha justificación: usted se siente bien y la otra persona está equivocada. Sin embargo, como hemos visto antes, no se puede ir por ahí descargando la ira sobre cualquier otra persona; ni siquiera las normas sociales lo permiten. No está bien ir atacando a otras personas sólo porque cree que son objetivos. La ira desenfrenada tiene muchas consecuencias, y los castigos que se pueden aplicar pueden ser devastadores. En el mundo actual, en el que la gente está aterrorizada, los arrebatos violentos no están bien aceptados; por lo tanto, si ataca a alguien físicamente, independientemente de los motivos, hay muchas posibilidades de que le detengan o le castiguen. En el trabajo, si ataca a un cliente, a un compañero o incluso al jefe, hay muchas posibilidades de que le despidan del trabajo. Si la agresión recae sobre su hijo, tenga por seguro que le quitarán la custodia. Si no se lo quitan, asegúrese de haberle enseñado que no está bien reventar de ira con los demás. Si revienta con sus amigos, lo más probable es que se alejen de usted y se abstengan de ayudarle.

Si tenemos en cuenta todos los riesgos relacionados con la ira no controlada, es importante elaborar una lista de las razones por las que debemos mantener la calma en determinadas situaciones. Repasa las razones a menudo para que queden claras y fijas en su cabeza. Las razones que elija deben basarse en las consecuencias prácticas que podrían recaer sobre usted si se deja llevar por el descontrol.

Algunos ejemplos de las razones que puede anotar son

- "Debo mantener la calma para conservar mi trabajo".
- "Debo mantener la calma, para evitar que me arresten".
- "Necesito mantener la calma, para que mis hijos no aprendan de mí los malos hábitos de la ira".
- "Necesito estar tranquilo, para que mi cónyuge no me deje, etc. "

Los principales retos que dificultan el cultivo de la ira sana

Muchas personas con ira destructiva buscan formas de superarla, ya sea por iniciativa propia o porque alguien, por ejemplo, un cónyuge, se lo ha pedido. Una vez que la persona se da cuenta y reconoce el efecto de la ira destructiva, busca formas y estrategias para minimizar la reactividad y la vulnerabilidad a la ira. Sin embargo, estas personas suelen fracasar en sus intentos de controlar la ira.

Pueden estar muy motivados para realizar los cambios necesarios, pero las mentalidades contradictorias minan los esfuerzos. Mantener y mostrar la ira sirve para algo. Por ejemplo, la ira puede convertirse en una armadura emocional que ayuda a distraer y proteger al individuo de soportar conscientemente la amenaza específica. Esta ira conduce a una forma de paz que consuela a la persona afectada. De este modo, la persona afectada tendrá un conflicto a la hora de realizar los cambios necesarios para el control de la ira.

Para superar los desafíos que socavan el cultivo de la ira sana, hay que reconocerlos y superarlos. Algunos de estos retos son:

1. **La infravaloración del trabajo que supondrá el cambio**

    Vivimos en una sociedad que cree en las soluciones rápidas para todo. Muchas cosas se solucionan ahora fácilmente gracias a la tecnología avanzada. Se calienta la comida en unos segundos, se va a la tienda en unos minutos e incluso se disfruta de duchas instantáneas. Sin embargo, las soluciones rápidas no pueden aplicarse a las prácticas desarrolladas durante muchos años. El cultivo de una ira sana necesita tiempo, paciencia y compromiso.

2. **Enfado por la cantidad de esfuerzo necesaria para el cambio**

   Después de darse cuenta de que una buena ira sólo se desarrollará a partir del compromiso, la dedicación y la paciencia, muchas personas se sienten más enfadadas. Este enojo puede incluso llevar al resentimiento hacia las personas que carecen de tales desafíos de enojo.

3. **La ira normalmente funciona a corto plazo.**

   El hecho de que la ira sea sólo una solución a corto plazo para los desafíos hace que la persona afectada se sienta sola y aislada. La ira actúa como una distracción de los sentimientos amenazantes y del dolor interior. En otros casos, la ira puede ser utilizada para invocar la ansiedad y el miedo en otras personas, dando así una sensación de poder a la persona enfadada. Una vez que la ira desaparece, la persona se sentirá aislada y, por lo tanto, podría no estar dispuesta a hacer todo lo necesario para cultivar una ira sana.

4. **Malestar en la reflexión**

   Para entenderse a sí mismo, es necesario la soledad y la reflexión. Tomar tiempo para reflexionar nos permite ser más conscientes de cómo facilitamos nuestra ira. Sin embargo, la mayoría de las personas encuentran la reflexión y la soledad extremadamente incómodas. Normalmente, la sociedad exige que seamos sociales y evitemos la autocomplacencia.

5. **Pensar y sentir que hay que cambiar de hábitos son dos cosas distintas.**

   Una persona puede pensar que necesita cambiar sus hábitos pero le falta fuerza de voluntad. Sin embargo, cuando uno siente que necesita cambiar sus hábitos, es probable que persiga los cambios necesarios. Puede ser un reto desarrollar una ira sana cuando la mente y el corazón no están de acuerdo.

6. **Familiaridad**

Los años de vivir con ciertas características hacen que nos familiaricemos y nos sintamos cómodos con la persona en la que nos convertimos. Por ejemplo, cuando uno vive con ira durante mucho tiempo, puede empezar a pensar que la ira es una parte normal de su vida. Nos sentimos cómodos con nosotros mismos porque hemos vivido de una manera determinada durante muchos años.

La verdad es que estamos sujetos al cambio y dependemos en gran medida del conjunto de hábitos que desarrollamos y seguimos a lo largo de los años. En consecuencia, podemos cultivar formas mejores y más útiles de enfrentarnos a la vida del mismo modo que aprendimos las formas con las que estamos familiarizados.

7. **La tensión que acompaña a la aplicación de nuevas habilidades**

   Todos conocemos la sensación que acompaña al aprendizaje de nuevas habilidades. Cuando probamos cosas nuevas, tenemos miedo de fracasar, nos sentimos inseguros ante lo desconocido. Hay una sensación de torpeza, inadecuación, intolerancia y cierto grado de duda. La adquisición de nuevas habilidades exige un alto índice de tolerancia a la frustración. Los momentos de aprendizaje y aplicación de nuevas habilidades requieren amor propio y compasión. Exigen que nos demos cuenta de que los errores son una parte normal de la vida. Por lo tanto, es importante que establezcamos objetivos realistas al desarrollar una ira sana; de lo contrario, podríamos sentirnos frustrados y abandonar.

8. **El sentimiento gratificante que acompaña a la ira**

   En algunos casos, la ira va acompañada de un subidón físico que borra los pensamientos de duda y hace que uno se sienta con energía y vivo. La ira hace que aumente el nivel de la hormona cortisol. Esta hormona ayuda a las personas a responder a las situaciones de estrés, de ahí la mayor sensación de energía. Desgraciadamente, el subidón físico dificulta la capacidad de juicio. Un ingrediente esencial de la ira sana es la capacidad de ser consciente de la euforia en lugar de actuar en consecuencia. Esta atención implica identificar las cosas que nos interesan a largo plazo.

9. **Utilizar la ira para evitar la responsabilidad**

Algunas personas utilizan la ira para evitar la responsabilidad. Hay cientos de personas que se aferran a la ira y culpan a otra persona de su destino. Estas personas pueden culpar a sus padres, familiares, empleadores, compañeros de trabajo, etc. que creen que son responsables de su sufrimiento. Incluso mucho después de que las personas acusadas se hayan ido, los que se aferran a esa ira siguen culpándolas. En cierto modo, esta ira refleja un grado particular de dependencia. Contradictoriamente, soltar esta ira implica soltar la culpa y aceptar la responsabilidad por el papel que hemos desempeñado. Una ira sana implica darse cuenta de que nos corresponde encontrar el sentido y la estructura de nuestra vida y también dar los pasos necesarios para vivir lo mejor posible.

10. Concentrarse en las actividades que son gratificantes a corto plazo

Muchas de las actividades que la gente quiere llevar a cabo en un esfuerzo por desarrollar una ira sana son a corto plazo y dan resultados durante un periodo de tiempo muy corto. Sin embargo, se necesita mucha autorreflexión para conseguir una ira sana. A menudo buscamos actividades divertidas que desvíen nuestra atención a corto plazo en lugar de actividades a largo plazo que puedan conducir a una gratificación más duradera y profunda. Comprometerse con una ira sana requiere que uno se concentre en los beneficios a largo plazo y, por lo tanto, busque métodos duraderos para el manejo de la ira.

11. **Trastornos mentales**

    Hay ciertos tipos de trastornos mentales que socavan el compromiso y la motivación para el cambio en relación con la ira. Un trastorno mental puede requerir tratamiento antes de que la persona empiece a cultivar hábitos saludables en cualquier dirección. Esto puede requerir psicoterapia y/o medicación.

Algunas de las estrategias que se pueden utilizar para afrontar estos retos son

1. Identificar los obstáculos que pueden afectar a la búsqueda de una ira sana. Detectar los principales obstáculos de la ira sana le ayudará a uno a mitigarlos.

2. Escriba una lista de razones por las que necesita cultivar una ira sana, la importancia, el logro previsto y las diferencias que espera ver en su vida.

3. Identifique un momento específico en su horario diario en el que practiques las actividades que ayudan a desarrollar una ira sana.

4. Lleve un registro de los principales desafíos que bloquean su logro e identifique dónde podría fracasar.

5. Busque la ayuda de otras personas que puedan ayudarle a alcanzar sus objetivos, por ejemplo, familiares y profesionales.

6. Participe en actividades de meditación formales e informales. Le ayudarán a ser más consciente de los retos que le plantea el progreso.

7. Saboree y celebre los momentos de progreso. Cada cambio de vista debe ser apreciado porque es un signo de progreso positivo.

Capítulo 7: Pasos para gestionar la ira de forma eficaz

Utilizar un diario de la ira

Una de las técnicas más recomendadas para tratar la ira incluye el uso de un diario de la ira. Este diario resulta útil después de que la persona haya identificado los índices de ira.

La clasificación de la ira se refiere a una técnica aplicada por las personas para medir los niveles de ira. Teniendo en cuenta que la ira no es un estado físico que pueda medirse como la temperatura corporal mediante un aparato físico, hay que identificar una escala personal con calificaciones. La ira es compleja porque implica aspectos físicos, emocionales y psicológicos; por lo tanto, puede ser difícil de calificar.

Hay que imaginarse una forma de termómetro que mida el grado de ira que se siente en un momento dado. Cuando uno empieza a sentirse irritado o frustrado, el mercurio del termómetro empieza a subir, cuando está enfadado pero controlado, el mercurio sube hasta la mitad, y cuando no está controlado, el termómetro marca el máximo. Se puede calificar el enfado de 0 a 100, donde el cero significa que se tiene el control, mientras que el 100 significa rabia total.

Los índices de ira son esenciales porque le dan a uno información sobre la probabilidad de perder el control o explotar en un momento dado. Al aprender a trazar la ira, uno reconocerá los momentos de desafío, las posibilidades de perder y mantener el control, y los pasos a seguir para calmarse.

Aunque los índices de ira ayudan a tomar conciencia de los niveles de ira, no permiten dejar de estar enfadado. Por ello, es necesario desarrollar un plan para ayudar a calmar y controlar la ira. Algunas de las cosas que uno podría incorporar en el plan son "tomarse un tiempo" cuando la ira empieza a aparecer, es decir, alejarse de la persona o cosa que le está haciendo perder la calma. Otro medio para controlar la ira puede ser cambiar la conversación del tema que irrita a otro más neutral.

Son muchos los aspectos que uno puede aplicar para calmar una situación que invoca la ira. Las mejores técnicas son las que ayudan a mantener la calma sin dañar el orgullo. Dado que cada persona tiene puntos fuertes y débiles únicos, la lista de estrategias y el plan deben adaptarse a las necesidades específicas.

Como dice el refrán, "la prevención es la mejor medicina". Es importante ser capaz de predecir las situaciones que pueden provocar la ira. Esta capacidad ayudará enormemente a una persona a controlar y mantener el temperamento bajo control. Uno puede optar por evitar por completo las situaciones provocadoras, y si evitarlas no es posible, entonces podrá prepararse con formas de mitigar el peligro de perder el control antes de entrar en la situación peligrosa.

Un diario de la ira o un diario puede ser una herramienta muy útil para ayudar a mantener un registro de las experiencias con la ira. En el diario, uno debe hacer anotaciones diarias de las situaciones provocativas encontradas. Para obtener los máximos beneficios del diario, hay ciertos tipos de información que uno debe registrar para cada evento provocativo:

- En la situación, ¿qué parte fue provocativa?
- ¿Qué parte en particular le hizo sentir dolor o estrés?
- ¿Qué pensamientos pasaron por su cabeza durante la situación?
- Refiriéndose a la clasificación de la ira, ¿cómo de enfadado se sintió?
- ¿Cómo se ha comportado?
- ¿Cuál fue el efecto de su comportamiento en usted y en los demás?
- ¿Qué ha pasado exactamente?
- ¿Cómo reaccionó su cuerpo?
- ¿Le duele la cabeza?
- ¿Se ha peleado o se ha asustado?
- ¿Gritó, dio un portazo o se volvió sarcástico?
- ¿Cuáles fueron las consecuencias de la situación?

Después de registrar esta información durante un periodo de tiempo, revisa el diario e identifica los temas recurrentes, los desencadenantes constantes, las cosas que le hacen perder la calma. Los factores desencadenantes pueden clasificarse en ciertas categorías, como por ejemplo

- La gente no hace lo que se espera de ellos o hace lo que no se espera
- Situaciones como atascos, teléfonos que suenan, problemas informáticos, etc.
- Personas que se aprovechan de los demás
- Enfado y decepción por uno mismo
- Una combinación de cualquiera de las categorías anteriores

Durante la revisión del diario, también es importante buscar los pensamientos que desencadenan la ira. Estos pensamientos serán identificables porque tienden a repetirse y muy probablemente implicarán algunos de estos temas:

- La idea de que los que le ofendieron lo hicieron intencionadamente para causar daño
- La percepción de que ha sido perjudicado y victimizado
- La creencia de que las otras personas se equivocaron y que deberían haber actuado de otra manera.
- La idea de que los que le perjudicaron son tontos y malvados

El diario también le ayudará a identificar los casos en los que se sintió perjudicado y las razones por las que se sintió así. ¿Por qué cree que la persona hizo algo deliberado para perjudicarle y por qué cree que la persona estaba equivocada y usted tenía razón? El seguimiento de estos pensamientos ayudará a la persona a empezar a ver los aspectos comunes de estas experiencias. Algunos tipos de pensamientos desencadenantes son

- La gente no se preocupa por usted; no prestan suficiente atención a sus necesidades
- La gente espera y exige demasiado de usted

- Otras personas son desconsideradas y groseras
- Otros son egoístas y se aprovechan de usted
- Otros sólo piensan en sí mismos y utilizan a las personas
- La gente le avergüenza, le critica y le falta el respeto
- La gente es mala o cruel, tonta e incompetente, irreflexiva e irresponsable, etc.
- La gente busca la forma de hundirle más y no le ofrece ayuda
- La mayoría de las personas son perezosas y hacen cualquier cosa para evitar su parte de trabajo
- La gente intenta manipularle o controlarle
- La gente le retrasa

Hay ciertas situaciones en las que es más probable que se den estos temas, entre ellas:

- Cuando alguien dice que no
- Al expresar y recibir sentimientos negativos

- Cuando se trata de una situación en la que no hay cooperación
- Al hablar de las cosas que le molestan
- Al protestar,
- Al proponer y oponerse a una idea

En el fondo de cada pensamiento desencadenante hay una noción de que las personas se están comportando de forma inadecuada y que usted tiene derecho a enfadarse con ellas. La mayoría de las personas identificarán una serie de pensamientos que desencadenan la ira. Debe buscar los casos y situaciones que le llevan a la ira y ver si puede identificar los pensamientos desencadenantes que le llevaron a la ira.

El propósito del diario es ayudar a uno a identificar los patrones de comportamiento y las especificaciones recurrentes que realmente le hacen perder la calma. Cuando se utiliza bien, el diario permite observar con precisión los comportamientos y los sentimientos. En consecuencia, uno será capaz de detectar los planes de mitigación para ayudar a controlar la ira. Cuando uno entiende las formas a través de las cuales siente la ira, es capaz de planificar estrategias para lidiar con la ira de manera más productiva.

Una vez identificados los desencadenantes, surge la necesidad de desactivarlos.

Identificar y comprender los desencadenantes de la ira y su temática ayuda a trabajar de forma más constructiva. Recuerde que los pensamientos desencadenantes de la ira se producen por sí solos; por lo tanto, uno tendrá que trabajar conscientemente para sustituir la ira por algo más positivo.

Por ejemplo, si está conduciendo por una autopista y algo le obstruye, tome nota conscientemente de los signos fisiológicos de la ira que indican un enfado. A continuación, respire profundamente y analice la situación de forma más racional en lugar de seguir el impulso de atacar. Es importante analizar la situación de forma racional en lugar de suponer que la obstrucción ha sido deliberada (que podría ser el primer pensamiento en situaciones de ira). Identificar que la acción provocadora no iba dirigida deliberadamente contra usted le ayudará mucho a lidiar con la ira de forma racional y con más tolerancia.

Cuando siente que su ira está justificada, sólo crea espacio para más ira, incluso cuando no tiene sentido. Será mejor que deje pronto de justificar la ira para ayudarla a remitir más rápidamente. Aunque toda la ira puede ser legítima y en el momento de sentirla, eso no justifica ningún acto negativo realizado por la ira. Tenga en cuenta que la ira excesiva e incontrolada es mala para la salud y provoca la destrucción de las relaciones importantes con otras personas.

Gestión de la ira Técnicas de relajación

La ira puede gestionarse utilizando una serie de técnicas, pero la mayoría de ellas no funcionarán si se utilizan de forma casual. Hay que comprometerse a usarlas y practicarlas para tener posibilidades de un efecto positivo.

Respiración profunda y controlada

La frecuencia respiratoria y los latidos del corazón de un individuo aumentan cuando uno se excita emocionalmente. Se puede invertir estos efectos reduciendo deliberadamente la frecuencia respiratoria y relajando sistemáticamente los músculos tensos. Con estas prácticas de relajación se puede mantener el control.

Cuando uno está enfadado, se encuentra respirando rápida y superficialmente. La continuación de esta respiración superficial sólo exacerba la ira. En su lugar, hay que actuar para controlar la respiración y relajar deliberadamente los músculos tensos para calmarse. Para obtener todos los beneficios de esta técnica, hay que reservar al menos 15 minutos para realizar este ejercicio. Si se selecciona menos tiempo, la práctica será ineficaz.

Practicar la respiración lenta

En primer lugar, inicie los esfuerzos de relajación realizando varias respiraciones profundas y lentas seguidas. Asegúrese de que cada vez exhala el doble de tiempo del que ha inspirado. Es decir, cuente lentamente hasta tres al inspirar y luego cuente hasta seis al espirar lentamente. Las respiraciones más largas se traducen en mejores resultados.

Durante la técnica de respiración, tómese el tiempo necesario para observar el movimiento del aire dentro de los pulmones. Una vez más, abra los pulmones y la cavidad torácica, e inspire completa y profundamente. Esta respiración debe llenar primero el vientre, luego el pecho y más tarde, la parte superior del pecho, justo debajo de los hombros. Sienta cómo las costillas y los pulmones se expanden con el aire. A continuación, tómese el tiempo necesario para sentir cómo las costillas vuelven a su lugar original al exhalar. Practique esta técnica durante todo el tiempo que pueda. Esta respiración lenta y deliberada le ayudará a uno a devolver su respiración a ritmos regulares siempre que esté enfadado. Los patrones de respiración controlada ayudan a controlar muchos aspectos del cuerpo. Teniendo en cuenta que todas las cosas del cuerpo están conectadas, una respiración lenta y profunda le ayudará a controlar el ritmo de los latidos del corazón, la tensión de algunos músculos y, en algunos casos, los dolores.

En muchos casos, la ira se manifiesta en forma de tensión muscular. Por lo general, esta tensión se acumula a lo largo del cuello y los hombros y puede durar mucho tiempo después de que la ira haya desaparecido. Si el cuello está tenso, es esencial practicar la técnica de relajación muscular que consiste en rodar lenta y suavemente el cuello de lado a lado. Haga rodar la cabeza de un hombro a otro con respiraciones coordinadas; rueda hacia un lado mientras exhalas y hacia el centro mientras inhalas. Repita la técnica hasta que la tensión de los músculos empiece a desaparecer. La tensión de los hombros puede liberarse encogiéndose de hombros y soltándose varias veces de forma cuidadosa y deliberada.

Otra práctica que puede ayudar a la relajación de los músculos de los hombros es hacerlos rodar hacia atrás y hacia delante. Utilizar la técnica de respiración y relación muscular ayudará a relajarse. Utilice el diario de la ira para comprobar las zonas que se sienten tensas durante los momentos de ira y utilice las técnicas de relajación para solucionarlas.

Relajación muscular progresiva

Para algunas personas, las técnicas de relajación pueden no funcionar, por lo que pueden probar lo contrario, que consiste en:

- Apretar y tensar los músculos en tensión durante unos 15 segundos y luego soltarlos lentamente. Si siente algún dolor debido a estas técnicas, asegúrese de soltar los músculos inmediatamente.

- Pase de un grupo de músculos al siguiente hasta que todos los tensos hayan recibido el ciclo de tensión y liberación. Con un poco de práctica, se puede utilizar la técnica de tensión y liberación en todo el cuerpo en pocos minutos. Se ha comprobado que la técnica de tensión y relajación es más eficaz que la técnica de relajación únicamente.

- Sea cual sea la técnica que se utilice, hay que dejar pasar entre 20 y 30 minutos antes de alcanzar un estado de calma total. Durante este tiempo, hay que mantener una respiración muy profunda y regular. También debe decirse a sí mismo que pronto mejorará para seguir adelante.

Las técnicas de relajación como las descritas anteriormente garantizan que la persona no se centre demasiado en su enfado. Estas técnicas le dan a uno tiempo para pensar en las circunstancias que rodean su momento de enfado y también tiempo para generar nuevas soluciones a los problemas a los que se enfrenta.

La prueba de realidad como herramienta de control de la ira

La ira es una emoción que hace que las personas no puedan pensar con claridad en los momentos de disgusto. Cuando uno está enfadado, tiende a tomar decisiones sobre una situación o un caso de forma inmediata. Estas personas tienden a pasar más tiempo dándole vueltas a cómo se sienten y a cómo la situación ha afectado a su vida normal en lugar de analizar las cosas de forma crítica. Uno tendrá más posibilidades de mantenerse bajo control si puede evitar mirar sólo el lado interno y evaluar la situación desde la perspectiva de otras personas. No se fije demasiado en cómo le han hecho sentir las personas o las cosas; en su lugar, céntrese en comprender todos los detalles.

Aunque puede ser difícil, hay que exprimir el mensaje de la situación incluso cuando el impulso de la ira está sacando lo mejor de la situación. Es importante tener en cuenta el mensaje que la ira le está transmitiendo y lo que puede aprender de ella. ¿Qué aspecto de la situación concreta le hace enfadar? ¿Por qué? ¿Qué puede hacer para mejorar las circunstancias? A continuación, utilice las técnicas de relajación para reducir el calor del momento.

Recuerde que no tiene que responder a la situación de inmediato, especialmente si la ira se apodera de usted. La mayoría de las situaciones son lo suficientemente flexibles como para que uno se tome un tiempo, reúna los hechos y pensamientos correctos, y luego responda. Tómese tiempo para pensar en la situación antes de actuar. También puede tomarse un tiempo para hablar con una persona de confianza antes de tomar una decisión. Cuanto más se aborde una situación problemática de forma relajada y preparada, mayores serán las posibilidades de obtener resultados positivos. Una mente calmada le ayudará a uno a conseguir lo que quiere.

Pruebas de realidad

En la mayoría de los países, se supone que un delincuente acusado es inocente hasta que haya suficientes pruebas de culpabilidad. Sin embargo, las personas enfadadas no hacen esta suposición, sino que asumen que las personas que les molestan son realmente culpables. Las personas enfadadas tienden a culpar a los demás y a veces a sí mismas de las cosas que van mal. Las personas enfadadas tienden a suponer que el objetivo al que culpan ha sido el causante de que las cosas vayan mal. Sin embargo, no siempre es así, porque la persona acusada puede ser un espectador inocente que se ha visto envuelto en la situación. Para gestionar mejor la ira, es mejor frenar y hacer consideraciones serias en lugar de actuar al primer impulso. Las pruebas de realidad le ayudarán a saber si la ira está justificada y si la persona que recibe la ira es realmente culpable. El primer paso para crear hábitos viables de prueba de la realidad consiste en renunciar a la suposición de que la primera impresión de la situación es siempre exacta. Es difícil saber la verdad a primera vista, especialmente cuando uno está enfadado. En la mayoría de los casos, sólo vemos una parte de la historia (la nuestra).

La realidad suele ser más complicada de lo que vemos y apreciamos.

Por ejemplo, imaginemos que la gente cree que la tierra es el centro del universo y que el sol y la luna giran alrededor de ella. La gente del mundo antiguo también creía que el mundo es plano y que si uno caminaba lo suficiente, llegaría al borde y se caería. Incluso ahora, sin el conocimiento adecuado, uno simplemente percibiría el mundo como una superficie plana. El puro sentido de la vida puede engañarnos, por lo que debemos apoyarnos en técnicas y análisis para averiguar la verdad del asunto.

Las primeras personas que sugirieron que el mundo era redondo y que la Tierra no era el centro fueron consideradas locas. Sin embargo, tras años de estudio y análisis, todos estamos de acuerdo en que el mundo es redondo y la tierra no es el centro. Todo lo que la gente necesitaba para darse cuenta es que la verdad era una prueba. La gente enfadada debería darse cuenta de que su primera conclusión puede ser tan errónea como cualquier otro pensamiento equivocado y que se necesitan pruebas antes de emitir juicios. En conclusión, la gente enfadada necesita hacer una pausa y reunir información completa antes de poder juzgar para sacar mejores conclusiones.

Pensamiento en blanco y negro

Una vez que se comprende que el mundo es un lugar complicado, resulta más fácil aceptar que la primera expresión no siempre es correcta. En el momento del enfado, uno puede no ser capaz de captar la imagen exacta y completa de una situación problemática. Reconocer la complejidad puede ser un reto para algunas personas enfadadas que tienen la costumbre de identificar el mundo como un lugar blanco y negro. La mayoría de las personas enfadadas hablan del mundo en generalidades polarizadas por las que insisten en que las cosas deben hacerse siempre de determinada manera, o que la gente no debería hacer nunca determinadas cosas. También tienden a concentrarse en el lado negativo en lugar de buscar lo bueno de las cosas y reconocer lo positivo. Estas personas tienden a sacar conclusiones rápidamente y rara vez se molestan en verificar si su comprensión es correcta o no. Estas mentalidades de blanco y negro necesitan ser habladas para reconocer los matices de gris antes de que el progreso del manejo de la ira ocurra de manera duradera.

Hablarlo ayuda

Cuando uno está abierto a la posibilidad de que la primera impresión no siempre sea correcta, hay varias maneras de poner a prueba las impresiones para obtener una comprensión mejor y más completa. La mejor manera de poner a prueba la realidad consiste en hablar con otras personas que tengan experiencia en esas circunstancias. ¿Qué pensaban ellos que había pasado antes de averiguar la verdad? ¿Cómo descubrieron los hechos? ¿Cuál fue la causa real del problema? Cuando consulta a otras personas y, ellas ven la situación como usted, es decir, que ha sido perjudicado, entonces está más justificado que se sienta enfadado. Si las otras personas ven la situación de forma diferente, entonces no está justificado acusar a la otra persona. El aporte de otras personas puede ayudarle a apreciar la naturaleza compleja de una situación.

Cuenta hasta diez

La siguiente alternativa del método de prueba de la realidad, además de consultar a los demás, es utilizar la regla de contar hasta diez antes de actuar. Esta venerable regla también se conoce como dar a la otra persona el beneficio de la duda. A medida que la ira aumenta por la situación, hay que poner pausas y contar lentamente. Esto puede combinarse con técnicas de respiración y relajación. Uno debe hacer lo que pueda para calmarse. A continuación, debe tomarse el tiempo necesario para buscar explicaciones alternativas que ayuden a comprender la situación de forma más completa.

Por ejemplo, si una persona conduce delante de usted muy despacio y es una carretera libre, lo primero que puede pensar es que lo hace para entretenerse e impedirle llegar a tiempo a su destino. El primer impulso será gritar al conductor por ser lento e incompetente. Contando hasta diez antes de dejar salir sus pensamientos, se da tiempo para comprobar las alternativas de las causas de la lentitud en la conducción. Por ejemplo, puede que el coche tenga problemas mecánicos o que el conductor esté agotado. Tal vez el conductor haya recibido varias multas por exceso de velocidad recientemente, por lo que conduce despacio para evitar otra. Si una de estas opciones resulta ser cierta, entonces será difícil seguir enfadado con el conductor, aunque usted siga atascado detrás de él.

Capítulo 8: Gestión de la ira y comunicación

Existen diferentes tipos de estilos de comunicación aplicados por las personas. Las personas enfadadas suelen adoptar ciertas posturas y posiciones comunicativas cuando se comunican con otras personas. En psicología, hay términos utilizados para describir estas posturas de comunicación, cada una de las cuales adquiere su propio lema:

1. **Comunicación agresiva** - En esta postura, la persona dice: "Yo soy digno, pero tú no".
2. **Comunicación pasiva** - La persona que utiliza esta postura normalmente dice: "Yo no cuento".
3. **Comunicación pasivo-agresiva** - En esta postura, una persona dice "Yo soy digno. Tú no eres digno, pero no te lo diré".

4. **Comunicación asertiva** - Las personas en esta postura dicen: "Yo soy digno, y tú también".

Es evidente que la mayoría de las personas enfadadas utilizan más posturas pasivo-agresivas y agresivas. Las personas que utilizan posturas agresivas tienen más posibilidades de iniciar una discusión, por lo que no consiguen el objetivo que pretenden. Ser pasivo en la comunicación también es malo en la comunicación porque emite un aura de debilidad que invita a una mayor agresión. La comunicación asertiva es más útil y equilibrada, ya que tiene en cuenta los sentimientos de todas las partes implicadas. Es la única postura que transmite respeto por todos. La comunicación asertiva es probablemente la mejor manera de garantizar que cada persona tenga en cuenta sus necesidades. Por lo tanto, es imprescindible aprender a comunicarse de forma asertiva en lugar de agresiva o pasiva-agresiva para poder transmitir y recibir mensajes de forma constructiva.

Las personas que tienen la costumbre de ser agresivas tienden a malinterpretar el significado de ser asertivo. En concreto, estas personas tienden a confundir la agresión y la asertividad. Creen que sus acciones y palabras son asertivas. Los dos estilos de comunicación pueden implicar persuasión y comunicación feroz. Sin embargo, hay cosas fundamentales que difieren, por ejemplo, los comunicadores agresivos tienden a ponerse a la defensiva mientras que las personas asertivas defienden sus derechos y a sí mismos sin cruzar las líneas de los demás. Normalmente, la comunicación agresiva reprende y ataca a los demás independientemente de la situación. Por otro lado, la comunicación asertiva sólo utilizará la ira y la fiereza cuando se defienda. La comunicación asertiva no cruza las líneas de los demás innecesariamente.

Gestión de la ira y formulación de peticiones

El estilo de comunicación que uno utiliza determina la capacidad de una persona para hacer peticiones. Normalmente, las personas que utilizan una técnica de comunicación agresiva tienen dificultades para hacer peticiones de manera eficaz. Recuerde que las personas enfadadas suelen utilizar una comunicación agresiva y, por tanto, fracasarán a la hora de hacer peticiones. Como ya se sienten con derecho, las personas enfadadas asumen erróneamente que todas las personas deben hacer su voluntad. Por lo tanto, no harán peticiones bajo el supuesto de que las personas que les rodean saben cuándo y cómo hacerlas. Incluso cuando intentan hacer peticiones, las hacen de forma que suenan como una exigencia, lo que provoca el enfado de los demás y no llevarán a cabo la petición con gusto. Una petición eficaz debe implicar claridad, transparencia emocional y respeto.

La **claridad** se refiere a la realización de una petición bien formada que exprese claramente los deseos y necesidades del individuo. Cuando una petición carece de claridad, resulta difícil de cumplir y lo más probable es que provoque enfado, frustración y estrés. Más aún cuando las peticiones se plantean y se interpretan como órdenes. Una petición clara debe formularse explícitamente y debe dar respuestas claras a ciertas preguntas, es decir, quién, qué y cuándo.

La ***transparencia emocional*** consiste en exponer los verdaderos sentimientos en lugar de hacer acusaciones. Por ejemplo, si uno le dice al otro: "Tú, idiota, eres tan insensible. ¿Qué te pasa que siempre tienes que olvidarte? ¿Dónde está la leche que te dije que compraras? ¿No puede ni siquiera recordar cosas tan pequeñas?" ¿Puede sentir la intensidad de la defensa en la declaración? La persona está evitando exponer los verdaderos sentimientos y acusando al otro de ser un idiota. Una petición de este tipo desanima rápidamente a un público comprensivo. La petición carece de transparencia emocional, por lo que no atrae a la otra persona. La transparencia emocional implica la voluntad de compartir los sentimientos reales. El orador parece grosero y egocéntrico. Pero si prestamos más atención a los sentimientos, percibiremos que el orador se siente excluido o desatendido.

Será mejor si uno expone sus peticiones con transparencia emocional, compartiendo el verdadero motivo de la petición. Esa transparencia puede motivar al oyente a actuar. En el ejemplo anterior, podemos reformularlo: "Siento que no te preocupas por mí cuando te olvidas de recoger algo para mí. Por favor, acuérdate de guardarlo para mí la próxima vez". En esta frase, el hablante deja claro que sus sentimientos se ven heridos cuando la otra persona se olvida de entregar lo que se le pide. Esto da lugar a dos cosas buenas: en primer lugar, el mensaje es claro, y en segundo lugar, no deja lugar a que el oyente adopte una postura defensiva. Cuando las peticiones se hacen con transparencia emocional, claridad y respeto, hay muchas posibilidades de que el oyente las tome en serio.

El respeto implica formular la petición de manera que la persona quiera cumplirla. El respeto hace que las personas se sientan honradas y, por lo tanto, es más probable que ayuden a la persona a hacer la petición. A la hora de hacer peticiones, se pueden utilizar frases como "Si no es mucho pedir, ¿podría...?"

o "¿Podría ayudarme...?" o "Le agradecería mucho que..."

Existe una buena fórmula de petición que ayuda a transmitir la información de forma clara, llamada *Fórmula de petición asertiva*. Esta fórmula consta de tres partes que se suman a una declaración completa:

"Me siento _____ cuando tú _____ porque _____."

Sin embargo, es muy importante que uno se asegure de no acusar al otro al hacer la petición. Por ejemplo, no se debe decir "siento que eres tonto". La sección "siento" se refiere a cómo se siente. La fórmula no funciona con las acusaciones. Esto se debe a que habrá hecho una acusación y habrá hecho que la otra persona adopte una postura defensiva basada en la declaración agresiva de ataque. Hable de usted mismo para obtener mejores resultados. Por ejemplo, puede decir "Me siento abandonado cuando no me llamas para avisar de que vas a llegar tarde porque me preocupa que puedas estar en peligro".

- La definición de ira;
- Una expresión de ira;
- Entender la ira y la ira inteligente;
- Las causas, signos y síntomas de la ira;
- Qué es la ira no gestionada;
- El coste de la ira;
- La ira y la salud mental;
- La elección de gestionar la ira;
- Pasos para gestionar la ira de forma eficaz;
- Gestión de la ira y comunicación;
- Selección de un buen programa de control de la ira;
- El uso de técnicas de control de la ira; y
- Recaídas y medicación.

Capítulo 9: Selección de un programa de control de la ira

En el estudio científico de las emociones, la ira ha recibido menos atención en comparación con otros problemas como la depresión y la ansiedad. Sin embargo, se han identificado varios programas de control de la ira que ayudan a reducirla y gestionarla eficazmente. La mayoría de ellos han conseguido reducir la ira insana y ayudar a los usuarios a mejorar las habilidades de afrontamiento adaptativo. Lamentablemente, no todos los programas han demostrado que funcionan, por lo que hay que tener en cuenta algunos aspectos antes de decidirse por alguno de ellos. La calidad de los programas varía mucho, y mientras algunos se basan en investigaciones científicas sólidas, otros son sólo conjeturas y potencialmente perjudiciales.

Según los científicos, los mejores programas de control de la ira se basan en marcos cognitivo-conductuales. En resumen, las teorías cognitivo-conductuales afirman que las reacciones emocionales de los seres humanos están más influenciadas por nuestra interpretación de los acontecimientos que por los acontecimientos en sí mismos. Por ejemplo, si uno se enfada por la velocidad de conducción de la persona que tiene delante, no es por el estilo de conducción, sino por la creencia e interpretación de que la otra persona podría hacerlo mejor. Los programas de control de la ira que se basan en las teorías cognitivo-conductuales suelen prestar atención a enseñar a los individuos a controlar y reducir su excitación fisiológica y emocional, pensando de forma menos provocadora. Enseñan al individuo cómo pensar y expresar la ira de forma productiva. Estos programas hacen hincapié en el desarrollo de estrategias de autocontrol.

A la hora de seleccionar un programa, estos son algunos de los aspectos que se pueden tener en cuenta:

i. Los programas basados en las teorías cognitivo-conductuales suelen tener un apoyo fiable en la investigación y son más rentables y breves. Muchos de estos programas pueden completarse en 2 o 3 meses.

ii. Hay algunas prácticas que han sido desaprobadas, pero algunas personas siguen utilizándolas. Por ejemplo, se desaconsejan los programas que permiten la expresión agresiva e incontrolada de la ira, como golpear cosas con bates y dar puñetazos a almohadas y bolsas. Puede que proporcionen alivio a corto plazo, pero al final, hay una alta probabilidad de aplicar la ira agresiva en el futuro.

iii. Seleccione un proveedor de tratamiento con el que se sienta cómodo. El hecho de que una persona utilice un programa aprobado no significa que sepa cómo aplicarlo. Por lo tanto, es importante que encuentre un buen proveedor.

Dependiendo de las necesidades personales, uno puede elegir trabajar con un consejero profesional o con un grupo de apoyo para aprender a controlar la ira. También puede optar por trabajar por su cuenta utilizando un recurso de autoaprendizaje de su elección. Sin embargo, hay que advertir que cambiar un hábito de larga duración puede ser difícil; por lo tanto, se requiere mucho compromiso. Un buen sistema de apoyo le ayudará a realizar y mantener un verdadero cambio de comportamiento. Por lo tanto, si se toma realmente en serio la idea de hacer un cambio en la forma de manejar la ira, es mejor participar en un grupo de apoyo. Le ayudará a mantener un seguimiento de los cambios que realice. Un programa de autoaprendizaje es bueno, pero será mejor que participe en un grupo que tenga en cuenta sus intereses. Los programas formales le ayudan a uno a ceñirse a una pauta estructurada para el cambio, le dan motivación para seguir trabajando hacia sus objetivos incluso cuando el deseo de dejar de fumar es abrumador.

A continuación se presenta una lista de diferentes tipos de programas de control de la ira entre los que se puede elegir:

Terapia individual y de grupo

En este estilo de control de la ira, se trabaja con un psicólogo o un profesional autorizado, ya sea individualmente o en grupo. Lo mejor de trabajar con un terapeuta es que usted consigue que alguien observe y analice su comportamiento y su progreso. El terapeuta puede comprobar sus progresos desde una perspectiva imparcial y, por tanto, le ayudará con sus pruebas de realidad. En la terapia de grupo, los demás miembros le ayudarán a hacer un seguimiento de sus progresos. También tendrá personas con las que comparar notas. Un terapeuta de control de la ira también le ofrecerá más de una forma de controlar su ira. En caso de que un programa falle, le sugerirá otras formas que podrían funcionar.

Recuerde que no todos los terapeutas saben utilizar los programas tal y como están diseñados y que usted podría empeorar a largo plazo. Por ello, es aconsejable que elija un terapeuta adecuado para usted. Un terapeuta cognitivo-conductual es el mejor para el control de la ira porque está mejor informado sobre el control de las emociones. Hay otras cualidades que deberá tener en cuenta antes de decidirse por cualquier terapeuta. Lo ideal es que un terapeuta con licencia tenga la formación adecuada para ayudarle a aplicar las terapias y técnicas de control de la ira. Otros tendrán una práctica especial para el manejo de la ira.

Normalmente, un curso de control de la ira no se desarrollará como una sesión de terapia tradicional, sino que será como una clase. En estas sesiones de terapia, se ayudará a los participantes a ser más conscientes de sus respuestas cognitivas, emocionales y físicas ante los conflictos y la ira. Dependiendo de las necesidades personales, el terapeuta elegirá si trabajar con usted en ejercicios de meditación y respiración para reducir la excitación de la ira. También puede optar por ayudarle a aplicar una técnica física y emocional segura y adecuada para liberar la ira. También puede incluir habilidades de comunicación y reestructuración cognitiva.

El efecto de la terapia puede llevar un tiempo diferente para cada persona. Por término medio, los progresos se observan después de 8 a 10 sesiones. El progreso viene determinado en parte por su esfuerzo y dedicación personal, que implica la asistencia regular a las sesiones de terapia, la profundidad con la que toma las lecciones y la seriedad con la que practica sus tareas.

Clases de control de la ira

Las clases de control de la ira suelen estar disponibles a través de los empleadores, una variedad de organizaciones y diferentes sectores de la comunidad. Las clases de control de la ira difieren en calidad y duración. Mientras que algunas de las clases se extienden a lo largo de un periodo de tiempo prolongado, hay otras que sólo duran un rato, como un fin de semana. Haga lo que haga, es mejor elegir un programa que dure más de un fin de semana; le dará más información sostenible. Cuanto más larga sea la clase, mayor será la información que recopilará para su proceso de cambio. Sin embargo, independientemente de la duración del programa, se le asignarán proyectos de tareas y pruebas de examen para seguir el progreso a través de su curso.

Es importante que lleves un registro de sus necesidades personales y que piense detenidamente en sus necesidades cambiantes. Si su ira surge más bien con los compañeros de trabajo, tal vez le beneficie un seminario de control de la ira. Si su ira es contra un cónyuge, entonces le beneficiaría más una terapia de pareja. Sea cual sea el camino que elija, asegúrese de que el camino elegido está aprobado y le guiará hacia sus objetivos.

Autoestudio

Se puede aprender a controlar la ira por cuenta propia de diversas maneras. Existen grabaciones de vídeo y audio que permiten completar los programas de control de la ira en su propio espacio y tiempo y a un ritmo personal. Algunos de estos grupos ofrecen a la persona una plataforma online a la que contribuir, apoyo a través del correo electrónico o del teléfono, e incluso grupos de chat de apoyo.

Si quiere un enfoque más especializado de la gestión de su ira, por ejemplo, un programa diseñado para una madre trabajadora, o para un ejecutivo de empresa, hay una gran colección de recursos en las bibliotecas y en línea. Puede investigar un poco más antes de decidirse por un programa o una clase.

Seguimiento del programa de control de la ira

Llegará un día en el que dejará de planificar el control de la ira y lo llevará a cabo realmente. Independientemente de que persiga sus objetivos de control de la ira personalmente o a través de un grupo de apoyo, un día se necesitará que cambie realmente su comportamiento. Debido a que se requiere mucho trabajo para cambiar un comportamiento que se ha desarrollado con el tiempo, es importante que usted realmente se comprometa con su curso y se adhiera a él hasta que vea resultados positivos. Hay una serie de estrategias que puede seguir para llegar a un buen control de la ira. Estas estrategias dan estructura al programa que ha elegido y le ayudarán a mantener el compromiso. Si no sigue un programa sistemáticamente, no se beneficiará de un programa de control de la ira, aunque sea la mejor y más fiable técnica.

Siga un programa durante el tiempo recomendado. Tendrá más posibilidades de ver cambios si sigue un programa de control de la ira diseñado por un profesional; consiga una buena guía en el programa. Aunque un programa diseñado personalmente puede funcionar, es mejor que dedique su tiempo a centrarse en cómo cambiar su comportamiento en lugar de como diseñar una técnica de gestión. En la mayoría de los casos, un programa diseñado por un profesional le ofrecerá apoyo a nivel personal y de grupo. Un líder de grupo le ayudará a mantener el progreso incluso cuando la tentación de dejar de fumar sea alta. El apoyo que reciba puede ser emocional o técnico. A medida que usted se motive, también motivará a los demás. En el proceso, a veces darás a otras personas la ayuda que necesitan. Esto le motiva a usted a seguir con la suya.

Algunas personas saben bien que un programa de grupo no les servirá y otras pueden no encontrar una clase adecuada, por lo que optarán por hacer su propio plan. Aun así, es aconsejable que sigan un programa establecido al hacer uno personalizado. También es importante que seleccionen a una o dos personas para que les ayuden a controlar su progreso. En términos más sencillos, tener un plan estructurado le ayudará a tener éxito en el control de su ira.

Terapia cognitivo-conductual para el control de la ira

Uno de los tipos de psicoterapia más utilizados es la terapia cognitivo-conductual. Esta terapia está pensada para el tratamiento, ya que ayuda a la persona enfadada a reconocer los pensamientos negativos y autodestructivos que están disparando la emoción. Esta forma de terapia ha demostrado ser la más eficaz para el control de la ira. Normalmente, las formas ineficaces de gestionar los impulsos de ira pueden conducir a patrones de embotellamiento de los sentimientos hasta que explotan, lo que conduce a graves problemas tanto en el trabajo como en otras relaciones. Una vez más, una mala gestión del estrés puede aumentar el resentimiento y la ira y, al final, uno no sabrá cómo expresar esas emociones de forma eficaz.

La terapia cognitivo-conductual para el control de la ira puede incluir:
- Formación en atención plena (mindfulness)
- Entrenamiento de tolerancia a la angustia,

- Reestructuración cognitiva de los pensamientos disfuncionales
- Desarrollo de habilidades de asertividad
- Entrenamiento en la regulación de las emociones

En términos sencillos, la TCC le ayudará a entender cómo cambiar sus pensamientos, comportamientos y sentimientos. Al centrarse en la forma en que reacciona a las situaciones, esta terapia le ayuda a actuar de forma más eficaz. De hecho, le enseña a uno a sentirse mejor con respecto a una situación aunque no pueda cambiarla. Hay una serie de beneficios que hacen que la TCC merezca la pena, entre ellos el hecho de que está orientada a objetivos. La TCC se centra en las situaciones presentes, es breve, está bien investigada y conlleva actividades en equipo.

Terapia cognitivo-conductual - orientada a objetivos

A diferencia de un buen número de terapias conversacionales, la TCC es una terapia de resolución de problemas que ayuda a alcanzar sus objetivos. Los objetivos pueden ser cualquier cosa, desde llevarse bien con un jefe hasta tener una relación duradera. Uno podría buscar ayuda para el control de la ira con la intención de reducir los sentimientos de depresión o ansiedad. Una vez que el paciente haya alcanzado sus objetivos, trabajará junto con el terapeuta y decidirá si hay algo más que deba hacer.

Terapia cognitivo-conductual - Centrada en el presente

La TCC suele concentrarse en las situaciones actuales y en las dificultades presentes que resultan angustiosas. El ángulo del aquí y ahora ayuda al paciente a resolver los problemas actuales de forma más eficaz y rápida. Identificar los retos individuales y centrarse en ellos uno a uno de forma estructurada y coherente da lugar a la consecución de mayores logros en el tratamiento, y a alcanzarlos en un plazo más corto que otras terapias de conversación.

Terapia cognitivo-conductual - Activa

La terapia cognitivo-conductual requiere colaboración y trabajo en equipo. El paciente y el terapeuta tienen que trabajar juntos para resolver los problemas. En lugar de esperar a que el problema desaparezca tras escuchar una charla interminable, el paciente tiene la oportunidad de hacer sugerencias en las sesiones. Hay tareas y herramientas de autoayuda que se utilizan entre las sesiones. Ayudan al paciente a acelerar el proceso de curación. En cada sesión se observa una forma de pensar diferente. El paciente desaprende las reacciones no deseadas al tiempo que identifica nuevas formas de gestionar la ira.

Terapia cognitivo-conductual - Breve

La TCC está limitada por el tiempo, lo que significa que una vez que usted y el terapeuta han identificado que ha mejorado, puede terminar la sesión o ponerla en espera durante el periodo que desee. En consecuencia, la TCC es más breve que las demás terapias tradicionales de conversación, que pueden durar años. Un buen número de personas terminan la TCC en unos pocos meses. Es importante señalar que no todas las personas responden rápidamente a la terapia. Algunas personas necesitarán terapia adicional para crear un cambio duradero. Los pacientes con problemas crónicos graves pueden necesitar un plazo largo, entre 6 meses y varios años. Sin embargo, incluso para los pacientes que necesitan más tiempo de terapia, se prefiere la TCC.

Terapia cognitivo-conductual - Bien investigada

Esta terapia es una de las pocas que han sido probadas científicamente. Los investigadores han descubierto que es eficaz. Hacer grandes cambios puede ser un gran reto; por lo tanto, uno necesitará mucho apoyo. Una terapia bien documentada le ayudará a gestionar la ira de forma más eficaz.

Los pasos que se siguen en la terapia cognitivo-conductual incluyen:
1. Conciencia de sus emociones y pensamientos en torno al desencadenamiento de la ira
2. Identificación de las circunstancias o situaciones de su vida que le llevan a la ira
3. Reconocimiento de patrones de pensamiento negativos e inexactos
4. Aprender patrones de pensamiento más saludables y positivos

Hay muy pocos riesgos asociados a la terapia cognitivo-conductual, y hay muchos beneficios. Hay que advertir que se le puede pedir que recorra su pasado y sus recuerdos dolorosos, pero lo hará bajo una buena guía.

Otras opciones de programas de tratamiento

Hay varias opciones disponibles para las personas que buscan controlar la ira, incluyendo el tratamiento hospitalario y ambulatorio. Las opciones de tratamiento modernas son específicas y eficaces y, en la mayoría de los casos, dan resultados en tan solo 6 u 8 semanas.

A medida que uno va analizando estas opciones, debe saber que la ira no es algo de lo que pueda deshacerse. Es una parte saludable de la vida que comparten todas las personas en todas partes. El objetivo de estas opciones del programa es ayudar a controlar la ira antes de que se convierta en algo destructivo o provoque todo tipo de problemas personales. No se puede curar la ira, pero se puede controlar su efecto e intensidad. Algunas estrategias terapéuticas pueden ayudar a reducir la reactividad. Incluso se puede aprender a tener más paciencia ante situaciones y personas que no se pueden controlar.

La mayoría de las terapias se centran en las habilidades de resolución de problemas, las habilidades de comunicación y la evitación de ciertas situaciones, el humor y el comportamiento cognitivo. Es posible trabajar con la ira sin ayuda externa, pero un terapeuta ayudará a avanzar más rápido en el programa.

Programas de tratamiento de control de la ira en régimen de internado/residencial

Si la ira está afectando a la vida diaria de una persona, entonces se puede recomendar un centro de control de la ira en régimen de internado o residencial. Podría ser importante para uno para permanecer con un equipo de personal de tratamiento dedicado en condiciones controladas si él / ella:

- Tiene problemas con la ley por problemas de ira
- Atacar al cónyuge o a los hijos, sobre todo físicamente

- Tiene discusiones constantes y descontroladas con sus compañeros de trabajo y familiares
- Amenaza de violencia contra las personas y los bienes
- Cree que todo irá bien si reprime la ira
- Pierde el control de sí mismo cuando se enfada

Dado que el objetivo del tratamiento de control de la ira es reunir las herramientas necesarias para expresar la emoción de forma constructiva, segura y saludable, un terapeuta o profesional es el más adecuado para ayudar.

Beneficios de los tratamientos de control de la ira en casa

El tratamiento residencial para el control de la ira ayuda a aprender a controlar la frustración y la ira. Un terapeuta interno puede ayudar al paciente a reconocer situaciones peligrosas y a ser más consciente de las señales de advertencia cuando la ira es inminente. Además, el tratamiento residencial le ayudará a entender las formas de evitar la supresión de la ira, que le llevará a la depresión, la hipertensión, la ansiedad y los problemas cardíacos. Y lo que es más importante, el tratamiento residencial ayuda a desarrollar estrategias de gestión lejos del mundo exterior y de los desencadenantes.

Hay diferentes aspectos que uno debe considerar antes de seleccionar un centro residencial. El hecho de que sea un centro de tratamiento no significa que deba tener condiciones estériles e inhumanas. Algunas de estas instalaciones de lujo son cómodas y serenas. Un buen ambiente facilitará un estado de ánimo positivo y ayudará a aprender más rápido.

Programa ejecutivo de control de la ira

Estos programas están diseñados para ejecutivos, abogados, médicos y otros profesionales que quieren discreción y privacidad y desean beneficiarse de un programa individual. Las estrategias efectivas de control de la ira no sólo beneficiarán a un ejecutivo individual cuando interactúe con empleados, clientes o pacientes; también le ayudarán a elaborar políticas organizativas sólidas. Cuando un profesional es capaz de manejar la ira y el estrés de forma positiva, está mejor posicionado para instruir y trabajar con otros.

En los programas de control de la ira de los ejecutivos, las personas pueden esperar aprender formas de:
1. Comuníquese de forma directa y respetuosa;
2. Restablecer la confianza;
3. Reparar relaciones rotas encontrar resoluciones positivas para personas y situaciones estresantes;
4. Controlar la reactividad emocional;
5. Resolver los conflictos de forma saludable; y
6. Empatizar con los clientes y los compañeros de trabajo.

Programas de tratamiento de la ira en régimen ambulatorio

En algunos casos, una persona está dispuesta a participar en un programa de control de la ira pero no está en condiciones de asistir a una sesión de hospitalización. Por ejemplo, si un trabajo es demasiado exigente, o hay una familia joven involucrada, uno podría no manejar un programa residencial. De nuevo, si su problema de ira no supone una amenaza física para las personas o las cosas, entonces puede que no necesite un programa residencial. Un programa ambulatorio es el más adecuado para esa persona. Muchos programas ambulatorios ofrecen un asesoramiento intenso para las personas, y suelen durar de seis a ocho semanas. También ayudan al paciente a prepararse para un mayor seguimiento en casa. Con los programas ambulatorios, uno tiene que lidiar con situaciones y personas externas porque el entorno no está controlado. Por lo tanto, uno se beneficiará del apoyo de amigos y familiares.

Cómo encontrar el mejor centro de tratamiento de la ira

Una vez que esté preparado para tomar el control de su ira y haya decidido buscar ayuda, es importante tener en cuenta una serie de cosas. Si opta por un centro, busque uno que ofrezca una evaluación completa, un tratamiento adecuado y servicios de seguimiento. Hable directamente con los profesionales del centro y pregúnteles por su cualificación y experiencia. Puede parecer mucho, pero será mejor que conozca los métodos y los resultados esperados en lugar de hacer conjeturas. Expréseles todas sus preocupaciones y asegúrese de que los facilitadores le explican todos los costes del programa. Algunos seguros médicos ayudan a pagar parte de esos gastos.

Obtendrá más beneficios del programa que elija si:
1. Trata a su terapeuta como un compañero y no como un supervisor;
2. Es abierto con sus pensamientos y sentimientos;
3. Se mantiene la constancia y se sigue el plan de tratamiento;
4. Recuerde que la determinación y la paciencia conducen a resultados;
5. Se comunica bien con su equipo, especialmente cuando se enfrenta a desafíos; y
6. Haga sus deberes.

El compromiso contractual

Es aconsejable para uno para elaborar un contrato que establece el plan específico que detalla las cosas, que desea practicar en el curso del programa de manejo de la ira. La mejor parte de la firma de un contrato de este tipo es que usted habrá hecho por sí mismo el apoyo y la estructura a seguir. Estos dos aspectos son importantes para su éxito. Imprima el contrato en una hoja y fírmelo con tinta. Si tiene personas que le apoyan en su búsqueda, puede pedirles que firmen como testigos de su progreso. También puede considerar la posibilidad de colgar el contrato firmado en un lugar público, por ejemplo en su casa, para que la gente de su entorno pueda entender lo que busca e incluso ayudarle. Hacerlo público reforzará su compromiso y ayudará a que la gente de su entorno le apoye.

Los detalles que debe incluir en el contrato tienen que ser muy específicos. Por ejemplo, tiene que anotar:
    a. Sus objetivos: lo que espera obtener del programa
    b. El plan: lo que tiene que hacer para alcanzar sus objetivos
    c. Cuándo y cómo va a practicar las cosas que ha establecido

Al hacer el contrato, sea muy específico con los objetivos, evite utilizar generalidades como "quiero dejar de exagerar". Este tipo de objetivos abiertos son imposibles de medir de forma específica y, por tanto, dejan demasiado margen para saltar de un extremo a otro con una falsa sensación de logro. En lugar de establecer unos objetivos poco realistas e inespecíficos, describe las situaciones reales que le hacen enfadar y exponga cómo pretende cambiarlas. Escriba las técnicas que va a utilizar para enfrentarse a esas situaciones. Repita las técnicas si es necesario. Repetir las cosas ayuda a recordar y comprender.

Tómese un tiempo libre

En el contrato, asegúrese de que incluye la posibilidad de tomarse un tiempo libre. Esto significa que se aleja voluntariamente de una situación que le obliga a enfadarse. Por ejemplo, si no está de acuerdo con su cónyuge, acuerde que se alejará de la situación de tensión y hará un espacio para calmarse. Tenga en cuenta que si no se aleja, lo más probable es que la situación se le vaya de las manos. Tómese un tiempo para alejarse, pensar críticamente y calmarse.

Los descansos pueden ayudarle a resolver la situación con un mejor estado de ánimo. Del mismo modo, si las exigencias de la familia le agobian habitualmente cuando llega a casa después del trabajo, procure tomarse un descanso antes de llegar a la casa. Durante este tiempo, asegúrese de relajarse. No confunda el consumo de alcohol con una forma de relajarse; es una forma poco saludable de descomprimirse. Una buena manera podría ser ir al gimnasio o tomar una clase de yoga. Dese una zona de amortiguación, un espacio para hacer algo que le interese. Tomar un descanso le ayudará a relajarse de tal manera que, una vez que llegue a casa, podrá apreciar las cosas buenas de su familia sin ser hostil o estar de mal humor. Unos minutos de tiempo para usted le ayudarán a manejar las situaciones cuando llegue a casa.

En el contrato, acuerda que practicarás las técnicas de relajación y respiración de forma regular. Es preferible que las practiques a diario. Aprender a mantener la calma requiere que entiendas las formas a través de las cuales reaccionas con menos violencia, independientemente del estrés que conlleve la situación. En consecuencia, se requiere que aprenda a relajarse con habilidad. Algunas de las técnicas de relajación más eficaces que puede utilizar para calmarse son la meditación, la respiración profunda y los ejercicios físicos. Con la práctica y la paciencia, estas técnicas se convierten en una forma proactiva de minimizar su excitación general de ira.

Examinar el pensamiento

En su contrato, incluya una sección para revisar los pensamientos. Como se ha visto antes, los primeros pensamientos que se le ocurren a uno cuando se enfada son normalmente juiciosos e imperfectos porque se basan en información incompleta. Si se centra simplemente en las impresiones incompletas, lo más probable es que ataque a las personas que se rodean, y esto no será una medida inteligente. En lugar de enfadarte sin más, prométase a sí mismo que evaluará de forma crítica y cuidadosa las situaciones que le provocan la ira. El mejor momento para evaluar su enfado es durante la sesión de tiempo muerto, justo antes de que el enfado disminuya o se descontrole. Aprenda a ver los tipos de situaciones que desencadenan su ira y los pensamientos que se le ocurren cuando está furioso. Reflexione seriamente sobre si es bueno para usted reaccionar cuando está enfadado. Absténgase de actuar por las reacciones emocionales automáticas (que normalmente son erróneas) y piense de forma crítica y lógica sobre las situaciones.

Comunicación asertiva

En el contrato, indique claramente que se tomará un tiempo cada día para practicar las habilidades de comunicación asertiva. Puede buscar un libro sobre la comunicación asertiva y leerlo. Escriba las cosas que normalmente dice a la gente de forma agresiva. Luego reescríbalas de forma asertiva. Practique las frases asertivas con la gente, delante de un espejo o en sesiones de juegos de rol. Si intuye que se va a meter en una situación que le va a enfadar, practique las frases asertivas con antelación; le ayudará a enfrentarse a la circunstancia real.

Además de practicar la comunicación asertiva, que consiste sobre todo en transmitir su mensaje, también es importante que practique la escucha de los demás. Es necesario convertirse en un oyente hábil que participe en la conversación de forma constructiva. Al final, ampliará sus posibilidades de conseguir lo que quiere de otras personas.

Duración del contrato

Es importante tener un marco temporal para el programa de control de la ira de una hora. Lo ideal es que no sea demasiado largo, pero tampoco demasiado corto. Podría durar todo el tiempo que dure el programa que seleccione. Sin embargo, una mejor opción es dividir el contrato en períodos más cortos pero vinculados. Por ejemplo, un contrato podría durar de uno a cinco días, o la duración que mejor se adapte a su plan. Algunas personas empiezan con un contrato que dura veinticuatro horas, mientras que otras eligen unos pocos días. Cuando un contrato termina, la persona redacta uno nuevo, asumiendo nuevos compromisos.

La ventaja de los contratos cortos es que le permiten adaptarlos a los cambios que va experimentando. A medida que aprende nuevas técnicas, el contrato renovado le permite evaluar sus prácticas. Los contratos cortos también le permitirán sentirse exitoso cuando haya logrado el objetivo a corto plazo, lo que le dará la motivación para perseguir el siguiente. Recompénsese por cada contrato conseguido, tenga tiempo para sentirse bien por ello y luego póngase con el siguiente. Tanto si se conforma con un contrato diario como con uno de mayor duración, debe firmarlo y asegurarse de que los testigos también confirman sus logros. Guarde el contrato o colóquelo en un lugar público como recordatorio.

Deje que la gente le ayude

Su familia, sus socios, sus amigos e incluso sus asociados estarán en mejor posición para reconocer el momento en que se está enfadando. Por ello, es aconsejable incluirlos en el plan si es posible. Puede acordar con su equipo de asistencia una señal que puedan darle cuando vean que empieza a caer en el viejo hábito de la expresión agresiva. Una vez que detecte la señal, asegúrese de cambiar su comportamiento; de lo contrario, la ira aumentará. Algunas técnicas que pueden ayudarle a evitar esta escalada son tomarse un tiempo de descanso o acordar manejar la situación más tarde, cuando esté emocionalmente estable.

Recompénsese a sí mismo

Las recompensas son una buena fuente de motivación. Por eso es importante que incluya las recompensas en el contrato. Tenga una recompensa cada vez que logre un objetivo establecido en el contrato. Sin embargo, la recompensa debe ser sana y sensata, preferiblemente, algo de lo que pueda prescindir en caso de que no consiga sus objetivos. También debe ser un regalo que le haga ilusión ganar, uno con el que se sienta bien si lo consigue. Por ejemplo, puede regalarse algo que le haga ilusión, como asistir a un espectáculo de ópera.

Capítulo 10: El uso de las técnicas de control de la ira: Cómo combinarlas

En los temas anteriores hemos visto una serie de información y una variedad de técnicas que uno puede utilizar para manejar y desarrollar una ira sana. Es posible que uno quiera practicar estas técnicas de forma aislada, pero no tiene por qué ser así. Puede combinar cualquier número de técnicas que le funcionen, siempre y cuando le ayuden a conseguir sus objetivos.

Cuando una situación concreta le provoque ira, deténgase y haga consideraciones. Reflexione antes de responder. Los siguientes pasos resumen las técnicas de control de la ira:

1. Inmediatamente que sienta ira, detenga su línea de pensamiento y acción. Una vez que reconozca que su ira está aumentando, cambie o retenga sus

pensamientos y acciones, podría pensar en otra cosa que sea más placentera. Si la imaginería le funciona, intente imaginar una señal de stop roja.

2. Cuando la ira empieza a aumentar, los mecanismos del cuerpo también empiezan a cambiar. Por ejemplo, aumenta el ritmo de los latidos del corazón y la presión arterial. Para contrarrestar estos signos físicos, utilice la técnica de relajación y respiración. Puede elegir una palabra para recitar con el fin de invocar el estado de calma. Por ejemplo, puede utilizar repetidamente las palabras calma y frío.

3. Reflexione sobre la situación e intente identificar los desencadenantes de su ira. Hágase preguntas como: ¿qué pensamientos están ocupando mi cabeza en este momento? ¿Qué estoy sintiendo? ¿Cómo está respondiendo mi cuerpo? ¿Estoy considerando todo el escenario o sólo la primera impresión? ¿Qué es lo que quiero? ¿Quiero vengarme y realmente vale la pena? ¿Y si actúo con agresividad? ¿A qué consecuencias me

enfrento? ¿De qué otras formas puedo responder a la situación en lugar de actuar con ira? ¿Empeorarán o mejorarán la situación?

4. Una vez que haya hecho las consideraciones anteriores, considere la forma en que quiere responder. Es mejor que trabaje para identificar una respuesta asertiva más que una agresiva.

5. Responder. Después de hacer todas las consideraciones, pensar, repensar y comprobar los hechos, hablar con alguien sobre la situación, etc. Cuando tenga los detalles bien definidos, responda.

En la mayoría de los casos, el calor del momento cuando uno está enfadado hace que la situación parezca que necesita una respuesta muy urgente. Se dará cuenta de que la situación no necesita realmente una respuesta drástica inmediata; es mejor que se tome un tiempo y lo reconsidere. La urgencia de la situación suele ser una ilusión y, una vez que se calma, se aclara. La intensa excitación del momento contribuye a la impaciencia.

Cuando sienta que la ira aumenta y que el calor del momento se vuelve demasiado intenso, le ayudará mucho pedir un tiempo de descanso y utilizar algunas de las técnicas de control de la ira para analizar la situación. Mientras se desentiende de la situación de ira, utilice una frase educada para excusarse, como por ejemplo: "Me siento molesto ahora, permíteme alejarme un rato y continuar con esta conversación más tarde". El tiempo de descanso interrumpirá su proceso de enfado y, una vez que vuelva a la situación, su mente estará renovada y más receptiva. Es mejor que vuelva a abordar el caso de forma asertiva y no agresiva.

Si la situación no le permite tomarse un descanso, pruebe los siguientes pasos:

1. Evite las acusaciones. En lugar de hablar a la otra persona de sus defectos de forma agresiva, utilice el enunciado "yo" para explicar sus sentimientos y hacer una petición. El objetivo de la comunicación es dar a conocer su postura a los demás, no menospreciarlos ni golpearlos.

2. Mientras habla, no mire fijamente a la persona a los ojos, sino que mantenga un contacto visual intermitente a intervalos. Mirar demasiado a los ojos durante una confrontación puede parecer agresivo, mientras que el contacto visual a intervalos muestra el valor y la voluntad de defender lo que uno cree.

3. Cuando escuche a otras personas, asegúrese de practicar la escucha activa. Evite el "sí, pero". Esto normalmente desvía la atención de la otra persona hacia usted. En consecuencia, si el "sí, pero" continúa, la otra persona se siente excluida.

4. Al hablar, evalúe si sus necesidades han sido escuchadas. ¿Cree que la persona a la que le ha transmitido el mensaje ha entendido todo lo que ha dicho? En un momento de acaloramiento, la persona con la que se comunica puede malinterpretar el mensaje porque se centra demasiado en la excitación. Si se da cuenta de que no ha entendido su mensaje, vuelva a expresarlo de otra manera. Tenga en cuenta que la persona

puede estar demasiado enfadada como para entenderle; por lo tanto, es posible que tenga que ir más despacio y permitirle despotricar. No todas las personas enfadadas son capaces de utilizar las técnicas de control que ha aprendido. Si la comunicación resulta imposible, es importante que se retire y continúe en otro momento.

5. Haga lo que haga, evite caer en una reacción prematura. Llevará tiempo y práctica resolver las cosas con paciencia, pero al final merecerá la pena. Gane más tiempo cuando esté enfadado, dilate su respuesta, espere un poco más. Si tiene que elegir entre perder los nervios o marcharse, elija marcharse. Es mejor mantener el control que ganar con la agresión.

La práctica hace la perfección

Recuerde que es muy difícil y probablemente imposible aprender a controlar la ira de la noche a la mañana. Sin embargo, habrá muchas oportunidades en su vida en las que podrá practicar diferentes técnicas. También puede aprender a aplicarlas más si se ejercita mediante juegos de rol. Estas prácticas le ayudarán a simular y controlar sus desencadenantes.

El juego de roles puede hacerse de forma personal o con un compañero. Sin embargo, el juego de roles se aplica mejor si se cuenta con un grupo de apoyo; uno en el que se comparten los objetivos. Utilice la lista de factores desencadenantes para idear situaciones que presenten los retos del control de la ira. Si no trabaja con un compañero, póngase delante de un espejo y hable consigo mismo. Puede parecer una locura, pero los actores profesionales lo hacen la mayoría de las veces para mejorar sus habilidades interpretativas. Adopte un papel como si estuviera hablando con alguien con quien está enfadado. Métase en el personaje de la forma más realista posible. Haga que su imaginación sea lo más vívida posible. Hable en voz alta e imagine las respuestas más realistas. Al principio, le resultará incómodo hablar consigo mismo en voz alta frente a un espejo, pero con el tiempo, la ansiedad desaparecerá y se sentirá más cómodo con la práctica.

Si tiene acceso a compañeros y grupos con los que representar los papeles, mejor, será más fácil seguir su evolución cuando haya otras personas implicadas. Es más fácil dirigir las emociones hacia alguien, aunque sólo sea una actuación. Mantenga el control durante todo el tiempo que pueda y mantenga el carácter. La práctica hace la perfección.

La ira y la defensa

¿Qué le hace enfadar? ¿Es un tratamiento incorrecto en la consulta? ¿O una enfermedad concreta que afecta a un ser querido? ¿El hecho de que la sequía esté matando gente? ¿Hay informes sobre el trabajo infantil?

La buena ira ha ayudado a la gente a encontrar soluciones para muchos desafíos a lo largo de los siglos. Por ejemplo, la ira hizo que la gente luchara contra la esclavitud. Esta emoción hizo que los luchadores por la libertad se enfrentaran a sus opresores. La ira también hizo que las mujeres lucharan por su derecho al voto y al trabajo. Las elevadas facturas de los hospitales hicieron que la gente luchara por conseguir un seguro.

¿Cómo puede utilizar su ira de forma positiva? Conviértala en defensa. Inicie un movimiento que luche a favor o en contra de un curso determinado. Si su enfado se debe a las imágenes de niños que mueren de ira en determinados lugares del mundo, inicie un curso que sensibilice a la gente sobre ello. Si es por una enfermedad que le arrebató un ser querido por no tener suficiente información, inicie una plataforma en la que la gente pueda aprender más sobre ella.

Centrarse demasiado en su ira sólo le causará resentimiento. Busque formas de bendecir a los demás con su energía. La promoción puede parecer difícil al principio, pero a su debido tiempo, tendrá un curso que valdrá su energía.

Capítulo 11: Recaídas y tratamiento de la ira

Mientras se trabaja en la superación de un problema de ira, hay ocasiones en las que se producen recaídas. Es probable que la persona retome los hábitos de ira anteriores, como volverse inapropiadamente enojada, beligerante y agresiva. Las recaídas, los deslices y los lapsus son prácticamente inevitables en los programas de control de la ira, por lo que habrá que planificarlos. Lo más importante es negarse a rendirse.

Por muy difícil que sea, no permita que un fallo sea su excusa para abandonar un programa de ira. Trate los fracasos como experiencias de aprendizaje. Examine cuidadosamente los acontecimientos que desencadenaron la recaída y aprenda cómo se produjo la situación. ¿Qué parte de su plan de control de la ira fue insuficiente para la situación? La información que obtenga de este análisis le ayudará a arreglar su programa para que funcione mejor la próxima vez.

En el proceso de planificación de las recaídas, es importante que busque eventos problemáticos con antelación y se prepare mentalmente para ellos. Si todavía no ha acudido a la ayuda profesional, sería el momento de buscarla. Si ha pasado por programas de asesoramiento y tratamiento, las sesiones de refuerzo pueden hacer maravillas para ayudarle a seguir adelante. Las sesiones de refuerzo consisten en volver a ver a su terapeuta y recibir ayuda adicional sobre su problema. Esta sesión de refuerzo puede incluir la revisión de las estrategias de control de la ira que está utilizando, la comprobación de los factores de estrés actuales y la obtención de una opinión objetiva sobre su próximo paso. Las sesiones de refuerzo no indican que haya fracasado.

Mentalidad sobre las recaídas

Hay una alta probabilidad de que la mayoría de la gente tenga un desliz o una recaída. Una cosa a la que hay que prestar atención es a los pensamientos que se tienen respecto a la recaída. Las mentalidades hacen que las cosas sean mejores o peores para nosotros. Si se machaca por una recaída, lo más probable es que tenga más problemas de ira. La gente suele pensar que la autocrítica abusiva es una fuente de motivación, pero en realidad no lo es. Hay algunos pensamientos racionales e irracionales identificados en las personas que tienen recaídas, y se ha observado que una línea de pensamiento puede determinar si la persona se recuperará o seguirá recayendo. Algunos de estos pensamientos son:

Irracional	Racional
No conseguiré nada con esto.	He mejorado mucho en muchos aspectos. He aprendido muchas habilidades nuevas y puedo controlar mejor mi ira.
Soy una criatura horrible.	Soy humano y propenso a cometer errores.
Nunca voy a mejorar.	Mi tendencia ha sido buena. Esto es sólo un contratiempo que superaré.

Cumpla con su plan.

La gestión de la ira implica diferentes técnicas y habilidades, como la respiración profunda y la relajación, la comunicación asertiva, la identificación de los factores desencadenantes y su contraprestación, el perdón, el cambio de mentalidad y el abandono de las cavilaciones. Con el tiempo, tendrá la tentación de abandonar algunas de las técnicas que sienta que han cumplido su función. En realidad, eso podría ser el comienzo de su recaída. No deje de utilizar una habilidad de afrontamiento sólo porque sienta que está fuera de servicio. Siga practicándola. Si ha abandonado una habilidad, retómela. Tardará mucho tiempo en dejar de usar estas técnicas e incluso entonces, puede que tenga que sacarlas de la tienda y practicarlas en un momento u otro.

Otro paso para recuperarse de las recaídas es comprobar aquellas estrategias y técnicas a las que no prestaste atención. En esas tareas que no completó evaluando es donde puede estar el punto débil. No pierde nada con revisar sus trabajos anteriores.

Busque opiniones.

Las personas que le rodean, como los cónyuges, la familia, los amigos de confianza, podrían ayudarle a rastrear la causa de su recaída. Simplemente, pueden ser su salvavidas en la búsqueda del control de la ira. Cuando experimente una recaída, puede pedirles que le ayuden a señalar el punto en el que ha recaído y las causas. Estas personas pueden ayudarle a detectar una reincidencia antes de que se le vaya de las manos.

Sin embargo, es importante que entienda que estas personas sólo le ayudarán si se lo pide. Pídales que busquen cosas que indiquen que se está desquiciando. Deben saber cómo se comporta cuando está bien y cuando está enfadado. Desarrolle un signo, una palabra o una señal que le den cuando noten que está perdiendo la calma.

Algunas de las señales y palabras que puede utilizar son: un toque en el hombro, un gesto con la mano, una pregunta como "¿estás bien?" o una simple petición como "deja respirar".

Normalmente, la primera reacción al ver la señal es la negación, creyendo reflexivamente que no está enfadado. Intente evitar un estado defensivo. Los socorristas son muy objetivos, por lo que verán los puntos débiles antes que usted.

Incentivarse a sí mismo.

Después de una recaída, es importante que se incentive. La motivación puede venir de hacer una lista de las razones por las que quiere cambiar. Identifique las tres razones que dominan su vida, por ejemplo, si ha perdido demasiados amigos, o si se ha avergonzado demasiado, buscando así la manera de protegerse de más daños. Tener estas razones en mente le ayudará a levantarse. Puede identificar muchas razones, pero elija las tres o cinco más importantes para ayudarle a levantarse. Deténgase y reflexione sobre cada objetivo y la importancia de su plan.

Señales de advertencia de una recaída

Las siguientes señales de advertencia pueden ayudarle a identificar cuándo está a punto de producirse una regresión:

1. **El regreso de la negación** - Esto implica la incapacidad de reconocer y

decir a otras personas lo que está sintiendo y pensando. Esta negación puede ocurrir incluso cuando se es incapaz de reconocer que se está produciendo un desliz, y se está volviendo a la conducta agresiva.

2. **Aprehensión sobre el bienestar** - Se refiere a la falta de confianza en su capacidad para controlar la ira. Puede ocurrir cuando se encuentra en un escenario agravante y le cuesta controlarse

3. **Defensividad** - Cuando se avecina una recaída, hay posibilidades de que adopte una postura defensiva al hablar de sí mismo. Esto suele ocurrir cuando no quiere admitir que está volviendo a los viejos hábitos.

4. **Creación de crisis** - Se sentirá abrumado por la vida y por la incapacidad de controlar las cosas. También sentirá que aparecen dos problemas más cada vez que resuelve uno. Esto suele ocurrir si sus planes son demasiado estresantes o exigentes.

5. **Evitación** - Esto implica evitar el hecho de que algo pueda hacer que vuelvan los antiguos sentimientos incómodos y dolorosos. En consecuencia, se encontrará evitando a las personas y los lugares que pueden hacerle entrar en introspección.

6. **Inmovilización**: se trata de la sensación de que no se relaciona eficazmente con otras personas. Es más bien como si estuviera pasando por los movimientos de la vida. Ninguno de sus problemas parece estar realmente resuelto y pasará más tiempo soñando despierto que buscando soluciones.

7. **Irritabilidad** - Se trata de reaccionar de forma exagerada ante pequeños asuntos y perder los nervios rápidamente. La irritabilidad se dará más si está decepcionado consigo mismo y se siente frustrado.

8. **Los planes empiezan a fallar** - Notará que la mayoría de sus proyectos no salen adelante más que nada porque no los está siguiendo. Por ejemplo, si

tiene planes para seguir una dieta saludable. Se dará cuenta de que está tirando mucho a la basura. Esto sucede cuando siente que los planes son demasiado difíciles y agotadores.

9. **Depresión** - Estará representada por algunos síntomas importantes como la falta de sueño, los hábitos alimenticios irregulares, la pérdida de interés por las cosas que antes le divertían y la pérdida de un patrón de vida regular. También es posible que sienta que seguir enfadado es la única manera de dejar de lado la depresión

10. **Rechazo abierto de la ayuda** - Otro indicio de recaída es el rechazo de la ayuda. En la mayoría de los casos, las personas que le rodean le tenderán la mano y manifestarán sus preocupaciones sobre usted. Sin embargo, la negación le hará rechazar sus expresiones.

11. **Incapacidad para controlar su comportamiento** - Esto puede manifestarse en una actitud de "no me importa". Se encontrarás con que no

atiende a los asuntos importantes, como las reuniones.

12. **Mentir conscientemente** - Esto implica explicar la verdad y en su lugar, vender mentiras sobre una situación.

13. **Pasar más tiempo con personas autodestructivas y deprimidas** - Esto puede ser un indicador o un resultado de una recaída. Inicialmente, su plan de recuperación implicaba pasar tiempo con personas que manejan su ira de forma saludable. Sin embargo, durante la recaída, siente la necesidad de pasar más tiempo con personas enojadas y deprimidas.

Capítulo 12: Medicación contra la ira y efectos secundarios

La ira es un problema psicológico, por lo que es posible tratar los síntomas con medicación. El objetivo de los programas de control de la ira es ayudar a la persona a ser autosuficiente, y aunque la terapia es la mejor opción, la medicación puede ayudar en la fase de tratamiento.

Medicamentos comunes

Se sabe que algunos medicamentos evitan los estallidos de ira y reducen la agresividad. No se dirigen a la ira específica del cuerpo, sino que producen un efecto calmante que controla las reacciones. Hay antidepresivos, estabilizadores del estado de ánimo y fármacos antipsicóticos que ayudan al paciente a lidiar con la ira, pero difícilmente la detienen por completo.

Antidepresivos

Se ha comprobado que estos fármacos sirven para tratar la ira resultante de una serie de trastornos mentales, como los trastornos de la personalidad y la depresión. Los investigadores descubrieron que los antidepresivos hacían desaparecer la ira en un 53-71 por ciento de los pacientes deprimidos. Los antidepresivos utilizados son la Imipramina, la sertralina y la fluoxetina.

Estabilizadores del estado de ánimo

En la mayoría de los casos, se prefieren los antidepresivos para tratar la ira en personas con otras afecciones, como la depresión y los trastornos de la personalidad, porque son eficaces para la mayoría de los pacientes. Sin embargo, hay casos en los que los fármacos antidepresivos fallan, por lo que se recomiendan otros medicamentos como los estabilizadores del estado de ánimo. Algunos medicamentos anticonvulsivos como la carbamazepina y el divalproex se utilizan como estabilizadores.

Fármacos antipsicóticos

Las investigaciones demuestran que algunos fármacos antipsicóticos típicos, como la clozapina, pueden utilizarse para tratar a los pacientes esquizofrénicos que tienen un comportamiento agresivo y hostil. Los investigadores explican que los fármacos reducen la ira debido a su capacidad para minimizar la impulsividad. Sin embargo, otros estudios afirman que, aunque los fármacos antipsicóticos son eficaces para el control de la ira, tienen muchos efectos secundarios, lo que los hace inviables para el tratamiento a largo plazo.

La seguridad del tratamiento farmacológico

Evidentemente, la medicación es a veces la mejor manera de controlar la ira a corto plazo. Con la ayuda de otras formas de tratamiento, como la terapia, un paciente podría no necesitar la medicación durante mucho tiempo. Un profesional puede recomendar ciertos fármacos para su uso a largo plazo si tienen pocos o ningún efecto secundario. Por supuesto, toda medicación conlleva un riesgo. Hay posibilidades de adicción u otras adversidades.

Es importante que uno tome toda la medicación según lo prescrito por el médico o profesional. Esté atento a cualquier efecto secundario y comuníquese con su médico o terapeuta. Los médicos pueden hacer controles de seguimiento de esa medicación que tiene algunos riesgos. Vigile de cerca cualquier cambio adverso. También es importante consultar al terapeuta/médico antes de dejar cualquier medicación para la ira.

Aquellas personas que tengan dudas sobre la medicación pero que aun así quieran curar sus problemas de ira pueden buscar ayuda en tratamientos alternativos como los aceites esenciales y las hierbas junto con la terapia. La manzanilla es una de las hierbas utilizadas por las personas para calmar sus nervios. Prácticas como el ejercicio diario, la atención plena y la meditación pueden ayudar al paciente a encontrar la calma y el equilibrio. Sin embargo, se necesita paciencia y mucha persistencia para lograrlo.

Capítulo 13: Resumen de las técnicas de control de la ira

Sentirse enfadado

Todos nos sentimos enfadados en un momento u otro. Algunas personas pueden lidiar con el enfado con bastante rapidez, pero a otras les cuesta más clasificar la irritabilidad. Miramos los retos desde distintos ángulos y, por tanto, obtenemos perspectivas y resultados diferentes. El enfado puede provocar grandes complicaciones en nuestra vida y en la de los que nos rodean.

La ira normalmente nos informa de cuándo algo puede ir mal. Por ejemplo, podemos sentirnos perdidos cuando algo no está bajo nuestro control. A veces, la ira nos ayuda a evitar los sentimientos reales. Si sentimos miedo, la ira nos ayuda a sentirnos seguros y con la energía suficiente para luchar. Demasiado estrés también puede provocar la ira. El estrés nos hace sentir nerviosos, por lo que una pequeña cosa puede obligarnos a reaccionar de forma muy drástica.

La ira implica una amplia gama de sentimientos. Puede ser un pequeño enfado por un accidente menor, como olvidarse de recoger la leche en la tienda, o una forma de rabia por un asunto más grave, como ver que alguien a quien quiere se hace daño. Todos reaccionamos dependiendo de cómo interpretemos la situación y del estado de ánimo que tengamos. En algunos casos, uno puede sentirse enfadado por una razón que no puede identificar.

La ira será más fuerte para usted si:
- Se muestra de una manera que es más fuerte de lo que esperaba en base a la situación;
- Ocurre con demasiada frecuencia hasta el punto de que ya no disfrutas de la vida;
- La causa es algo que le ocurrió en el pasado y que aún no ha resuelto;
- Da lugar a actos violentos contra otra persona, contra la propiedad o contra uno mismo;
- Está interfiriendo con su capacidad de trabajo;

- Está perjudicando sus relaciones o haciendo que la gente se aleje de usted; y
- Está afectando a su salud, física, mental y emocional.

Qué hacer

En alguna situación, todo el mundo se ve obligado a reaccionar con ira. Esta emoción puede ser útil en algunos casos. Por ejemplo, como hemos visto antes, si la ira le hace dejar una relación abusiva, entonces es buena. Es saludable si la ira le motiva a actuar en algo o a trabajar para conseguir sus objetivos. Sin embargo, si uno maneja la ira de una manera poco saludable, entonces llevará a problemas que pueden afectar a muchos sectores de la vida. Por suerte, hay algunas cosas que se pueden hacer para lidiar con la ira.

Estrategias inmediatas

Las estrategias inmediatas no resuelven el problema, pero ayudan a que la persona vuelva a tener el control. Cuando uno tiene el control, está en condiciones de encontrar formas productivas de afrontar el reto. Las estrategias inmediatas también le ayudarán a mantenerse alejado de acciones y palabras de las que se arrepentirá más tarde.

En primer lugar, abandone la situación que le hace enfadar si es posible. Alejarse de la situación de enfado puede ayudarle a relajarse y a pensar de forma más clara. Recuerde que la reacción del cuerpo cuando está en un estado de ira impide tener en cuenta todas las cosas. Aléjese.

En segundo lugar, cuente hasta diez. Esto se aplica más si se encuentra en una situación en la que puede marcharse sin una razón adecuada, por ejemplo, al hablar con un empleador. La mejor opción es contar hasta diez lentamente; así tendrá tiempo de moderar el enfado.

En tercer lugar, repita una frase tranquilizadora de su elección. Puede utilizar palabras que le aporten paz, como "mantén la calma" o "paz y bondad". También le ayudará dejar que su cerebro divague en pensamientos como "¿importará dentro de dos meses?".

En cuarto lugar, respire profundamente y relájese. ¿Recuerda las técnicas de respiración y relajación de las que hemos hablado antes?

Resultan muy útiles en los momentos de urgencia. Inspire profundamente hasta el estómago y suelte lentamente, cuando tome aire, piense que es energía positiva. Al espirar, piense que está soltando la energía negativa. Las respiraciones profundas le ayudan a calmar su mente acelerada, a reducir la presión arterial e incluso a disminuir el ritmo cardíaco.

En quinto lugar, cambie su atención. Puede sonar como una falta de respeto o arrogancia, pero es mejor que dejar que su ira se desborde. Aleje su atención del tema y piense en algo agradable. Identifique algo que le haga ilusión, como un masaje o un trozo de pastel recién hecho. Cualquier cosa que le haga feliz, vaya a por ella.

Estrategias a corto plazo

Una vez que las estrategias inmediatas le han ayudado a controlar la emoción básica, hay estrategias que puede utilizar para analizar la situación. Éstas le ayudan a evaluar las emociones que se desprenden de la situación. Estas estrategias no requieren mucho tiempo, pero cuando se aplican bien, pueden marcar una gran diferencia.

En primer lugar, reconozca el enfado. Si sigue negando la ira, no tendrá la oportunidad de enfrentarse a ella. La ira no desaparecerá sólo porque la reprima. El reconocimiento y la aceptación son los primeros pasos para encontrar ayuda para su problema.

En segundo lugar, considere si la reacción estaba justificada por la situación. El enfado es algo normal, pero se convierte en un reto si la reacción es demasiado para la situación. Piense qué pensaría si viera a otra persona enfadarse por la situación segura en la que se encuentras. También puede pedir a alguien de confianza que le ayude a comprobar si el enfado estaba justificado.

En tercer lugar, evalúe sus pensamientos. La mayor parte de las veces, la ira se desencadena por nuestros pensamientos. La forma en que percibe una circunstancia determina la forma en que reaccionará ante ella. Por lo tanto, es importante que evalúe los pensamientos/sentimientos que tuvo mientras estabas enfadado. ¿Eran verdaderos o falsos?

En cuarto lugar, identifique el origen del enfado. ¿Son las palabras o las acciones de la otra persona las que le han hecho enfadar?

¿Han dejado de hacer algo? Intente tratar el origen de forma productiva y pacífica. Las habilidades asertivas pueden ayudarle a resolver el asunto.

En quinto lugar, busque el humor en la situación. Es posible que haya olvidado cómo hacer humor de un asunto menor.

Estrategias a largo plazo

Puede que esté buscando formas de solucionar su problema de ira por completo. Las estrategias de control de la ira a largo plazo requerirán más esfuerzo y tiempo, pero le ayudarán a controlar su ira en diferentes situaciones. El objetivo es cambiar la forma en que maneja la ira para que no le cause problemas.

En primer lugar, aprenda las cosas que desencadenan su ira. Mientras que algunas personas se enfadan por culpa de otras personas, como sus jefes, cónyuges o amigos, otras se enfadan por situaciones que no pueden cambiar, como los atascos y la pérdida de un avión. También hay personas que pierden los nervios cuando se sienten emocionadas, por ejemplo, cuando se sienten avergonzadas, enfadadas o culpables.

En segundo lugar, identifique sus señales de advertencia. Conocer las señales de advertencia de su ira le ayudará a tomar medidas antes de perder los nervios por completo. Hay que evitar el enfado total; por tanto, hay que detectarlo a tiempo. Algunos de los primeros signos de ira son la opresión en el pecho, la irritabilidad, el resentimiento, las palpitaciones y las ganas de arremeter.

En tercer lugar, hable con una persona de confianza. Intente obtener una segunda opinión de alguien que sepa que no puede ser parcial. Tenga en cuenta que el enfado en realidad le informa de las cosas que hay que cambiar. Otra persona puede ayudarle a identificar el verdadero problema, a identificar soluciones e incluso a probarlas.

En cuarto lugar, aprenda de otras personas. Si su enfado se debe a una situación que no puede controlar, como un trabajo, pregunte a otras personas cómo lo han hecho. ¿Cómo se enfrentó su compañero de trabajo a una situación similar?

En quinto lugar, practique un pensamiento sano. Recuerde que la ira se desencadena sobre todo por nuestros pensamientos. Aprenda a resolver problemas, a pensar de forma positiva y a gestionar el estrés. No dé por sentado que todas las personas quieren complicarle la vida. Piense de forma crítica y busque consejo.

En sexto lugar, las actividades físicas han sido identificadas como algunas de las estrategias de gestión útiles para muchos trastornos. Puede salir a pasear, limpiar la casa o practicar su deporte favorito. Esto le ayudará a sentirse menos tenso y a olvidar.

En séptimo lugar, practique la atención plena. Esto implica prácticas como la meditación, que le ayudan a mirar sus pensamientos sin juzgarlos. Esta práctica le ayudará a mirar su ira y también a acomodarla sin apartarla.

En octavo lugar, aprenda a ser asertivo. La asertividad es una técnica que ayuda a controlar la ira. Aprenda a comunicarse y a actuar con asertividad. Recuerde que la asertividad no es sinónimo de agresividad. La asertividad no es una forma de presionar y exigir. Por el contrario, consiste en comunicar lo que piensa sin menospreciar a los demás. Asegúrese de que su mensaje es claro.

En noveno lugar, deje a los demás en paz. Si su ira aumenta por culpa de otras personas, por ejemplo, su cónyuge o su jefe, recuerde que no puede controlarlos y que no siempre tienen que actuar como usted quiere. Su comportamiento no es en gran medida su responsabilidad.

Décimo, elija un programa de tratamiento. Hay muchos programas disponibles, tanto individuales como en grupo. Elija uno que se adapte a su tiempo y a sus objetivos. Recuerde que aunque los programas diseñados para un individuo son buenos, es mejor que utilice la terapia de grupo. Le ofrecerá un mejor sistema de apoyo.

Recuerde que la ira puede significar otro problema, como la ansiedad o la depresión. Hable con un profesional.

Conclusión:

Gracias por haber llegado hasta el final del libro. Esperamos que le haya resultado útil e informativo. Nos hemos esforzado al máximo para que todos los capítulos le aporten información valiosa. Hemos utilizado intencionadamente un lenguaje sencillo para asegurarnos de que cada persona que lo lea se sienta capacitada. El libro ha evitado deliberadamente las teorías complicadas y se ha ceñido a prácticas sencillas que uno puede utilizar a su conveniencia.

En el momento en que se entiende la ira es cuando resulta más fácil de manejar. El control de la ira es esencial en la vida cotidiana. En este libro se ha tratado el tema del control de la ira. No hay una cosa específica que una persona pueda hacer para controlar la ira de la noche a la mañana. Sin embargo, si sigue los pasos adecuados, con dedicación y compromiso, obtendrá los resultados que busca. Combine varias opciones de tratamiento si es necesario. Si trabaja con un terapeuta, siga todas las instrucciones que le dé y mantenga un canal de comunicación abierto.

El siguiente paso es dejar de leer y empezar a aplicar las lecciones en la vida real. Haga todo lo que haya identificado como necesario para frenar la ira y asegurar su salud y el bienestar de las personas que le rodean. Descubrirá que mucha gente sigue ignorando las formas adecuadas de controlar la ira. Se dará cuenta de que la mayoría de los que parecen tenerlo todo controlado no hacen más que reprimir la ira, y eso les perjudicará al final. Para ello, trate de involucrarlos y enséñeles una o dos cosas que haya aprendido aquí. Incluso puede recomendarles o regalarles este libro.

También es posible que necesite consultar este libro más adelante. Consérvelo y repáselo tantas veces como quiera. Que haya llegado al final del libro no significa que no haya nada más que aprender sobre la ira y su gestión. Lea más y amplíe sus horizontes. Sólo así conseguirá el dominio que busca. Preste atención a los cambios que rodearán su vida en cuanto empiece a gestionar la ira, más aún de forma asertiva. Utilice algunos de estos consejos para hacer del mundo un lugar mejor.

www.ingramcontent.com/pod-product-compliance
Lightning Source LLC
Chambersburg PA
CBHW071732080526
44588CB00013B/1996